除了野蛮国家，整个世界都被书统治着。

司母戊工作室

入里看京都

作者—李远　插画—Viga

暮らしから京都を知る

人民东方出版传媒
东方出版社

图书在版编目（CIP）数据

门里看京都 / 李远著 . —北京：东方出版社，2019.6
ISBN 978-7-5207-0976-7

Ⅰ . ①门…　Ⅱ . ①李…　Ⅲ . ①地方文化－京都
Ⅳ . ① G131.32

中国版本图书馆 CIP 数据核字（2019）第 067698 号

门里看京都
（MENLI KAN JINGDU）

作　　者：李　远
插　　图：Viga
责任编辑：闫　妮
出　　版：东方出版社
发　　行：人民东方出版传媒有限公司
地　　址：北京市东城区东四十条 113 号
邮　　编：100007
印　　刷：北京联兴盛业印刷股份有限公司
版　　次：2019 年 6 月第 1 版
印　　次：2019 年 6 月第 1 次印刷
开　　本：880 毫米 × 1230 毫米　1/32
印　　张：7.125
字　　数：100 千字
书　　号：ISBN 978-7-5207-0976-7
定　　价：39.00 元
发行电话：（010）85924663　 85924644　 85924641

序

京都的冬，冰冷。

但却从未缺少温暖。

木造的町屋，其比如栉。

跳出窗外的灯火，正是人间的温度。

啖以京菜，甘之如饴，暖入心田。

京都的夏，炙热。

所以水洒石阶，清风入轩窗。

日暮夕阳着浴衣，鸭川水荡撩人心，

倩影入斜阳。

京都的雨，绮丽。

雨打青瓦，闪烁其华。

寺舍庙宇，町家，亘古若素。

京都的熙攘，是生活的历史。

落成于公元 794 年的平安京，

沉淀了 1200 余年的人间烟火气。

贵族至町众，苍苍烝民，形形色色，相依而生。

陶瓷器、漆器、木工、食品、衣饰。每一个小店都有一段独家历史。

李远先生书写的正是生活在京都这片热土上的感与观。

或许真正的京都，只有透过这扇生活之"门"，才能看得到。

———文人茶美风流家元 中谷美风

引言：何以是京都

　　喜好历史的人，与其沉浸在历史著述中去想象，莫如将自己置身在历史中去体验。可这实在是个难题，因为历史毕竟是历史，社会飞速发展，物非人也非，就连童年时的街道都难辨当年模样，更不要奢谈穿越历史。

　　可世上偏有像京都这样的地方，1200 多年来，仿佛一幅展开的历史画卷。遍布町屋的窄巷、咫尺便至的禅寺庙社、百千年的老铺，处处都是故事。放眼望去，像极了唐宋元明的古画。"清晨入古寺，初日照高林，曲径通幽处，禅房花木深。"时常感叹京都真可谓是活着的唐诗宋词。17 处世界文化遗产、1700 多所寺庙以及 800 多处神社。恕我孤陋寡闻，不知世上像京都这样的古都还有几何？

　　在情感与文化上，对京都毫无违和感的恐怕要数我们中国人。可京都这样的古都，门槛却又极高。大到寺庙、庭院，小到一片瓦乃至一杯茶，太多的鲜为人知之处。尽管大多数游人至此，皆会发出唐风宋韵的感叹，可若没有足够的认识，便无法真正领略京都之美。

从来写京都的人很多，尤其喜爱舒国治先生《门外汉的京都》中对京都的抒情式的记述。不敢自诩是"门里汉"，但旅居于此，每日早起推门便见的京都却已实实在在化为生活的日常。习惯了沿着大德寺院墙的小路归家，习惯了家中来客要去买附近老铺鹤屋吉信的果子、一保堂的煎茶"薰风"待客；就连家中做菜也习惯了购买京野菜与九条葱。历史在京都生动而有温度，并非博物馆与古建筑前告诉你的那种曾经。

如此，作为资深的"京神病"患者，我从门里望去的京都，足以向外人道来。

目录

京都缘起

01

常听人说起这样的话："想梦回唐朝，就去日本的京都吧。"可唐朝到底是什么样子，谁也没见过。那么为什么又有那么多的人把京都与唐朝连在一起呢？京都何以得名？京都又到底哪里像唐朝呢？让我们走进历史，来聊聊京都的前世今生吧。

先来说说"京都"这个名字的来源。山背国、山城国、丹波国、丹后国，成为平安京之前，京都地区曾有过各样的名称。给人感觉在成为"京都"之前都处于一种未开化的局面。

《魏志·倭人传》，其正式名称为《三国志·魏书东夷传》，是目前所知最早记录日本（时称倭国）的文献。《三国志》中就曾经出现过"京都"的字样，书中的《曹彰传》里有这么一段话："四年，朝京都，疾薨于邸，谥曰威。"但该书成书于公元280—290年，早于桓武天皇迁都平安京五百年，诚然书中所指的京都并非今天的日本京都，而是对当时的魏都洛阳的通称。除此外，"京都"一词常见于中国古代典籍，由此看来"京都"一词借自中国。但在古代日本的文献中，京都的读法并非像今天地图上标注的那样称为"kyoto"，而是被称为"ミヤコ（miyako）"。"ミ+ヤ+コ"是合成语，ミ代表尊称汉字为"御"，ヤ为"屋"+コ为"处"，意思为王的居所。日语中的ミヤコ写成汉字既可以是"京"，也可以写作"都"，二字意思完全重叠。只是后来出于对汉文化的推崇，借鉴中国的制度而合起来称为"京都"。因此，真正开始被称为"京都"要到公元1135年左右，那时距桓武天皇迁都已过去三百多年，日本人对这一汉语称谓的认识经历了相当长的时间。

京都就是如此，连命名都是满满的中华意识。到今天，大部分京都人也并未觉得首都已经搬到了东京，他们以自己的文化自豪。区别于其他地方的日语发音，京都话也受汉语四声发音的影响。对于他们而言，其他地方的话都是乡下口音而已。不到京都便等于没来过日本。学者梅棹忠夫在著作《京都精神》中写道："日本颇少见，京都人心中潜藏着难以去掉的中华思想。所谓中华思想，就是以自己的文化为基准看世界的想法。也许化外之民对这种想法有时候要惊愕，有时甚至觉得很滑稽，但京都确实有这种思想传统。从这个立场看，京都以外是夷狄、野蛮之地。但是像中国一样，中华思想在京都也绝不是排他的，而是对适应这种文化的东西全采纳。在这个意义上，中华思想跟独爱吾乡之心或者夸耀家乡好属于完全不同的层次。"这样的话倒让我想到中国的北京以及那些曾做过古都的城市，人们的意识何其相似。看来，不下些工夫学习便无法欣赏京都这样的城市。

京都「紫禁城」

　　京都的御所可以称得上是京都的紫禁城，如今早已不复往日的尊严。因其一年中只有春秋两季会特别开放，如今倒成了骑车穿越京都的好去处。虽然由细沙砾铺就的地面实在难行，可想想这种等同于"紫禁城骑马"般的感受，也着实令人向往。

　　但也别错误地以为今天的御所就是打平安京建立以来的皇宫，经历了各样的灾乱，皇宫也换了地方，最初平安京的皇宫是在今天千本通为中心的区域。迁都江户后，京都御所便逐渐凋敝，明治天皇听后伤感不已，才下令整修至今天的样子。除明仁天皇外，曾经大多数天皇登基典礼都要在御所的紫宸殿举行。

　　有皇家的地方才算是"京"，日本的菊花王朝延续千年，算是世界上最古老的皇室，号称万世一系，共历一百二十五代（日本公布的历史将神话传说部分也计算在国祚之内，并不可信）。中国古代传国最久之周王朝历八百年，不过三十代而已。

天皇称呼最早的记载是公元 689 年颁布的《飞鸟净御原令》。中国开始称日本元首为天皇约是在清末的同治年间 。"天皇"本身就是中国舶来的词汇，据说唐高宗李治与皇后武则天并称天皇天后。

日本固有对天皇的美称叫"みかど（mikado）"，虽然汉字也写成"帝"，但是它的发音和"御门"一样。也就是说，对天皇的尊称来自进入天皇宫殿，或是首都入口的大门，跟"殿下""陛下"是同样的语源。

今天的京都已不再是政治中心了，京都人仍然认为京都是日本的首都，仍坚信天皇只是去了东京而已，京都才是他的家。

京都的中心点 六角堂

　　古代建都都非常重视都城的中心点，中心点或中轴线的选择预示着王朝的兴衰。譬如北京的中心点绝不是天安门或太和殿，而是位于故宫后面景山上的万寿亭。古代中国也自认为是天下的中心，自汉朝起就开始以"中华"自居。中为天下之中，中央之邦，华为华夏之族。可见地理中心的概念在东方文化中的重要性。

　　日本全国有许多被称为"肚脐"的地点。因为日语中的肚脐"へそ"，同样也具有中心点的意思，兵库县的西脇市就被称为日本的肚脐。

　　那么像京都这样的千年古都其中心点究竟在哪里呢？当然既不是天皇的"御所"，也不是平安神宫。自古被称为"京都之脐"的地方是位于三条通与四条通之间的"六角堂"。

今天的六角堂因"池坊"花道而闻名世界。人们已经忽略了它其实是一家正宗的天台宗寺院，其正式名称为紫云山顶法寺。因其本堂的六角形建筑，而被京都人亲昵地称为"六角さん"。寺内参道上铺有一块约五十公分的石板，被认为是本堂的基石，这块石板的地点正是京都的中心点，所以也被称为"肚脐石"。因这块石板正巧也是六角形，且中央凹陷，倒是名副其实。

六角堂历史悠久，其建立可追溯到圣德太子的时代。据说圣德太子为了营建大阪的四天王寺而来此寻找建材，看到一处清澈的池水，打算沐浴，便将随身携带的如意轮观音像放在池边。当沐浴后要离开时，观音像却重得怎么也拿不起来，或许佛祖是暗示要在此处宣扬佛法，于是圣德太子就在此建立了六角堂。

另外还有一个有趣的传闻是说桓武天皇建造平安京时，早已建成的六角堂正好挡在了道路中央。桓武天皇却不忍心搞强制性拆迁，决定另寻办法。没想到，一夜之间六角堂竟自行向北移动让出了道路，平安京才得以顺利施工。

如今的六角堂境内仍保存了圣德太子沐浴的池子，因本法寺的本坊就建在池畔，又因遣隋使小野妹子晚年在此隐居，长期供花，所以日本花道的源流便以"池坊"命名。作为京都中心的六角堂也因此而日日以花事为伴。

六角堂

唐风平安京

1994 年，京都被列入《世界遗产目录》。当时的联合国世界遗产委员会的评价材料中写道："古京都仿效古代中国隋唐都城形式，建于公元 794 年，从建立起直到 19 世纪中叶一直是日本的首都。作为日本文化中心，它具有一千年的历史。它跨越了日本木式建筑、精致的宗教建筑和日本园林艺术的发展时期，同时还影响了世界园林艺术的发展。"由此看来，京都颇像古代中国，是被世界所公认的。

平安京的建造仿照了中国以都城制为都市计划的基础，最初设计模版是中国隋唐时代的长安和洛阳。将作为皇城的平安宫设置在北方，然后从平安宫南方中央建造一条南北走向七十公尺的道路，称为朱雀大路（今天的西安仍有朱雀大街）。以此为京城的中轴线，建设东西、南北纵横的棋盘状道路。并以朱雀大路为界，分为东左京（仿照洛阳），西右京（模仿长安城）。南北向的大路由东起依次为东京极（四坊大路）、东洞院（三坊大路）等十一条，东西向的大路从一条到九条加上土御门、近卫等四条不与朱雀大路交汇的四条大路，共计十三条道路。东西、南北纵横有秩，布局整齐划一，明确划分皇宫、官府、居民区和商业区。

平安京的设计引进了古代中国城市规划的一个先进理念"条坊制"，中国称为"坊市制"。以大路区隔东西南北四区，称为"坊"。再将"坊"以东西向、南北向各三条道路，区隔成十六个小区块，称为"町"。四町又称为"保"，而四保为一"坊"。因此任何地点都可以被清楚地标记，加强了城市的管理。

住宅用地的分配也以条坊制为基础。三品以上的贵族，拥有四十丈（约一百二十公尺）见方的一町，四、五品的贵族折半，六品以下的则为四分之一町。平民采用"四行八门制"，将一町分为四等份，称作"四行"，一行再分为八等份，称为"八门"。这样一町分为三十二等份，每等份称为"户主"，平民居住的单位。且平安京与唐长安城都设有东市、西市两个商贸中心，一切井然有序。

在平安京左、右两京的建设上，在坊名设置上也多模仿自唐代的长安与洛阳。如永昌、崇仁、光德等坊名模仿自长安城，而铜驼、教业、丰财等坊名则模仿自东都洛阳。而在平安京最重要的朝堂院、丰乐院及内里的殿堂建筑的命名上，则几乎完全模仿长安城，譬如大极殿、龙尾坛、紫宸殿、栖凤楼、翔鸾楼等。

虽如此，但平安京的建造也不是完全照搬中国，比如从未像中国的都城那样整体被城墙所包围。由此看来，日本建筑从那时起便已经在逐渐摆脱中国模式，而摸索出适合本土的形式。

在其后的岁月中，京都虽历经火灾与战乱，但多次重建时仍然未做过较大的改变，我们今天在京都穿街过巷的游览中，从许多地名中仍然能一窥千百年前平安时代的影子。仍然可以在古寺林立的条坊穿梭中，臆想大唐盛世的光景。

有作家曾写道："京都之所以受人尊重，当然是因为她代表日本的古典文化，但不要错以为这些璀璨的文化是日本这一岛国的专利与独创。那是亚洲尚在缔造一个独特的文化圈之时，绚烂的大陆文化，化作多少重浪潮流入而形成的文化。"

京都与中国

　　电影《妖猫传》中神通广大的空海和尚，在真实的历史上是在京都的创立者桓武天皇在位时，即唐德宗贞元二十年（804），作为学问僧随第十八次遣唐使入唐求法，于次年到达长安。入唐仅两年的空海，在《新唐书》中被误记为留学二十年。空海入唐时，影片中描写的唐玄宗皇帝已死去42年，而时年32岁的白居易正任校书郎，并无记载与空海有何交集。至于影片结尾所提到的空海拜见惠果大师，倒是有这样一段典故：

　　据说空海入唐早在惠果和尚的预料之中。史料记载：惠果和尚乍见空海，含笑喜告曰："我先知汝来，相待久矣，今日相见，大好大好。报命欲竭，无人付法，必须速办香华，入灌顶坛。"于是，三个月将两部大法传承完毕。又嘱空海曰："早归乡国，以奉国家，流布天下，增苍生福。则四海泰，万人乐，是则报佛恩师德，忠于国孝于家也。义明供奉，弘法于禹域，汝其行矣，传之东国，努力努力！"

公元 806 年，秉着惠果大师的预言与期待，空海携带佛典经疏、法物等回国，创立真言宗并成为京都东寺的开山祖师。唐密借助东瀛之地得以完好保存。

影片里饰演空海大师的染谷将太，倒与空海的画像颇为神似。不知空海究竟能不能伏妖，但可以肯定的是空海大师的书法堪称日本书圣。除佛法外他对日本文化最大的功绩或许在书法方面。在空海来唐求学之前，日本本土只有楷书、行书、草书，空海不仅把中国的"飞白书""杂体书"引进了日本，还引入了篆书、隶书。他还是日本书道"大师流"的开创人，与嵯峨天皇、橘逸势并称为日本的"三笔"。空海编纂的三十卷《篆隶万象名义》，是日本第一部汉文词典，至今也是日本极为珍贵的书法词典，对唐朝文化在日本的传播起到了重要作用。

中日之间的文化交流，佛教占据了重要的篇章。其中虽不乏杰出人物，可最令我感动与钦佩的除了空海还有就是 8 世纪中叶东渡传法的鉴真和尚。一千两百多年的时光，沧海桑田，岁月足以令许多事情被淡忘。但像鉴真这样的践行者却至今仍在异域受到岛国民众的尊崇，并被称为日本文化的大恩人，若非今日亲眼所见似乎难以置信。

唐招提寺的开山忌，使得地处偏僻的寺院人头攒动，即使是雨日，前来瞻仰鉴真像（一年仅开放三日）的男女老幼仍不畏雨淋地排起长队。排到鉴真像前的人们无不跪拜行礼，见之动容。在中日或明或暗的历史中，鉴真就是一座山。鉴真东渡，岛国始有真戒律。

随中国律宗祖庭净业寺住持本如法师访招提寺，感怀鉴真大师事迹。金堂的律宗法会上，在唐风卢舍那大佛的庄严法相下，身披袈裟手执行香的僧侣以及悠扬婉转的诵经声，不禁想象一千二百年前鉴真和尚传法的情景。

山川异域，风月同天。
寄诸佛子，共结来缘。

京都的风水

　　像所有王朝的更迭一样，京都的缔造者桓武天皇的继位充满了血腥。作为光仁天皇的长子，却因其母高野新笠的出身低下（属于百济渡来氏族），而丝毫不做继位的奢想（看来从桓武天皇开始，日本皇室拥有朝鲜半岛的血统）。但在权臣藤原氏卷起的政治斗争之中，随着异母弟皇太子他户亲王被废，翌年（773）在藤原百川的拥立下，时为山部亲王的他被册立为皇太子。

　　公元781年4月，桓武天皇即位，当时已经45岁的他或许是看惯了权力斗争的狗血。因此，桓武天皇颇为励精图治，不仅战胜了来自皇室的威胁（即冰上川继事件：桓武天皇即位后，发生了一起打压天武系势力的"冰上川继之乱"。冰上川继是天武天皇的曾孙，他的父亲被赐姓"冰上真人"，因此以"冰上"为姓氏。在桓武天皇即位后，天应二年正月，冰上川继被任命为因幡守。但就在他甫上任之际，京城里又发生一起政治悬案。当年闰正月，冰上川继的手下手持武器闯进了平城京的宫城中，被当场拿下。有关方面一拷问，他立刻对自己的"犯罪事实"供认不讳，同时还捅出一个惊天大消息，冰上川继指使他在京城策划一次政变。朝廷立刻下令宣招川继，川继闻讯即知大事不妙，仓皇而走，朝廷立刻命令搜索将其捕获。桓武天皇鉴于当时正处在光仁天皇的丧期，因此特别免其死罪，改判流放伊豆。当时这样的政治阴谋不断发生，也让京城骚动不安。）而且为了摆脱奈良旧佛教势力的压迫而迁都长冈京。熟悉宫斗的桓武天皇为了将来可以顺利传位给自己的幼子，说服了原本已经出家、没有后代的亲弟弟早良亲王，请他还俗担任皇太子，以求王朝永固。

在那之前，日本出了一对前后担任天皇的兄弟档。哥哥天智天皇，曾出兵朝鲜半岛，在白江村和大唐与新罗联军打了一仗，大败而归，终日担心中国即将进犯日本，他过世后，其子弘文天皇被自己的叔叔消灭，而继位的这位叔叔就是弟弟天武天皇。因为有这段恩怨在，所以天武天皇的子孙，一直严防着天智天皇血统继承皇位的可能性。可是随着岁月的流转，天武天皇系统的子嗣竟然断绝，皇位便再度回到了天智天皇的子孙手上。正因这种出人意料的发展，当天智系统的桓武天皇登基时，急欲摆脱奈良平城京里包括贵族寺院等的旧势力。他清楚地认识到不同的皇统急需一个新天地作为新朝廷的首都。从此天皇家离开了平城京，历史上所谓的奈良时代就此结束。

但是重新回到政界的早良亲王却开始和朝廷重臣，也是长冈京主要工程负责人的藤原种继交恶，而桓武天皇的儿子也渐渐长大成人。就在工程进行的途中，藤原种继被暗杀。早良亲王被指控是幕后凶手且涉及谋反，被剥夺皇太子身份并处以流放。坚持自己无辜的早良亲王，在流放的途中绝食悲愤而死。桓武天皇在弟弟死后，虽然扫除了传位给儿子的障碍，并搬进了长冈京，但这个新都城却成了桓武天皇的噩梦。

进京之后，桓武天皇的皇后、夫人陆续病死，随后母亲也过世了，最可怕的是皇太子安殿亲王开始发疯。雪上加霜的是长冈京遭遇了数次洪水，此时京城开始盛传是冤死的早良亲王的怨灵作祟。在这种传言对于政权产生不良影响的情况下，天皇决定放弃营造不到十年的长冈京再次迁都。平安京就在这样背景下开始悄然登场。

如何选新都城，还得有"科学依据"才行，因此，当时中国最先进的阴阳风水学起了重大作用。在唐初贞观之治的时期，袁天罡和李淳风的风水学说已经大为流行，开始成为当时的显学了。而风水学说又被遣唐使带回日本。据此，桓武天皇毅然把首都换到了这个过去秦氏（自称是秦始皇后裔的渡来人一族）开发的居住地山城国（京都府南部）。

从此，都城就建立在了风水学上所说的"四神相应"之地。所谓四神，指的是四方的守护神，即东青龙、西白虎、南朱雀、北玄武。四神相应之地指的是东有河、西有道、南有湖、北有山。而京都东边的鸭川作为河流象征青龙；西边的山阴道则是排出邪气的白虎；南边以巨椋池作为守护京都的朱雀；北边则是镇守王城的船冈山龙脉玄武。

但是京都这个迷信要塞，可不是光靠这四个地形就可以坚守来自怨灵的攻击。还得在四个方位寻找巨大岩石作为"岩仓"，并且在下面埋藏佛教的《一切经》作为京都的守护据点。除了东方岩仓观胜寺已经消亡之外，北方岩仓山住神社、西方岩仓金藏寺、南方岩仓明王院不动寺都还保存至今。配合中国传进的风水术数，也就是以金星为方位神的大将军信仰，共同以北方和东方的大将军神社、西方的大将军八神社和南方的藤森神社的形态一同守护天皇家。此外，由于东北方传统上被视为鬼门，又在东北方向比睿山修延历寺镇守鬼门。真可谓万无一失之地。

公元 794 年 10 月 22 日，桓武天皇迁往新都。这一日为辛酉日，按照中国传统阴阳五行学说为"革命"（《周易·革卦·象传》："天地革而四时成，汤武革命，顺乎天而应乎人。"）日，去旧迎新十分吉利。桓武天皇于是下诏曰："此国，山河襟带，自然做城……号为平安。"自此，平安京京都作为日本的古都开始了一千两百年的历史。

京都的地震

　　大阪的六级地震，京都也有震感，但所幸没有人员伤亡。"平安京"的称谓不是平白得来，许多京都人也都说："京都不会有大地震。"那么京都千百年的历史上是否真的如此呢？

　　有文字记载的京都历史上第一次地震，发生在平安时代的公元827年8月的大地震，余震一直持续到翌年6月。百年后的938年又发生了天庆大地震，死亡人数虽不多却导致众多寺庙焚毁。紧接着976年又来了一次，造成五十人死亡。

　　公元1185年，平家武士集团灭亡，发生了文治大地震，一日震感达到近三十回，持续十日。文人鸭长明在《方丈记》中写道：山河摇晃，灰飞烟灭。当时适逢政权更替之际，京都百姓无不感慨世间之无常。

　　室町时代的1419年的大地震使得京都洛中地区受灾严重。但真正被历史所铭记的，还要数丰臣秀吉主政时期发生的著名的"庆长·伏见大地震"。1596年的那次地震，竟然摧毁了秀吉居住的伏见城天守阁，东寺、天龙寺、大觉寺也无法幸免。因伏见靠近震源，因此造成伏见城内秀吉的三百多名侍女死亡，城下町也死亡一千多人，下京区的房屋几乎全部被毁。就连秀吉在方广寺内建造的见证盛世的大佛（高于奈良东大寺大佛），也因此毁于一旦，气得秀吉竟对着大佛放箭。

在接下来的数百年里京都虽也发生过一些地震，但几乎都是受周边阪神和近江等地震的影响。

时至今日，近千年的抗震史使得岛国民族早就培养出了临震不乱的生存智慧。日本的防灾意识与标准远远高于其他国家，其建筑抗震技术也应用于京都古老的町屋，抗六七级地震不在话下。曾看过小学生们演练出的地震来袭时有序的自救与逃生练习，叹服不已。世事无常，天灾在所难免，可我们的安全意识教育也许真不如日本的孩子。

夏越の祓

    6 月最后一天，京都各神社举行的"夏越の祓"仪式。预示着梅雨季结束，炎夏降临。同时也算是拉开了为期一月的"祇园祭"的序幕。

    "祓"在中文里念 fu，二声调。《说文解字》中的释意是："除恶祭也。"从这点理解倒是和日本的"夏越の祓"意思吻合，但这种除疫消灾的仪式是否从中国传来却无考。漫长的历史中文化早就相互融合，你中有我，我中有你。东亚文明的树立，也是中华文明的传播史。

    "祓"是古代日本的重要宫廷仪式，一年举行两次，分别是在 6 月 30 日与 12 月 31 日两个晦日。而"晦日"的说法则源自中国的太阴太阳历。看来同是农耕文明的中日，文化认同感颇强。

    举行"夏越の祓"仪式极其庄重。由身穿白衣的神职人员引导信众，按"8"字路线绕行，穿过由茅草编成的"茅轮"，如此三遍，就意味着下半年灾病的消除。然后由神职人员在祭品前吟奏"大祓词"。内容大多是列举地上凡人所犯的种种罪过，祈求上天原谅的话。类似于中国古代灾年皇帝所下的"罪己诏"。最后还要由神女跳祛灾之舞。这倒是令人联想到中国古代的"恶月"送瘟神习俗。

入乡随俗，在家附近的今宫神社参加"夏越の祓"。老子说："小国寡民……甘其食，美其服，安其居，乐其俗……"偷眼观瞧下，日本人无论男女老幼倒皆是满脸的虔诚。科技发展到今天，农耕时代遗留的传统竟仍能在岛国贯彻如始。科学与神话，到底哪个更能使人心安定？

京都葵祭

每年 5 月 15 日举行的葵祭，可谓京都历史上最古老的祭典。身着平安时代宫廷服饰的队列从御苑出发，经下鸭神社至上贺茂神社绵延近一公里，仿佛是从源氏物语的画卷中走出。在平安时代，"葵祭"甚至成了祭典的代名词，由此可见其规格之高。

葵祭又称为贺茂祭，可追溯到古坟时代末期。当时钦明天皇（539 —571）在位，农作物因暴雨歉收加之疫病流行，于是举行了祭祀贺茂神的仪式。到 806 年，这一活动正式成为官方祭典，除了因应仁之乱（应仁之乱：1467 —1477 年日本室町幕府时代的封建领主间的内乱，在八代将军足利义政任期内幕府管领的细川胜元和山名持丰等守护大名之间发生争斗。应仁之乱开启了日本战国时代。）而中断了近两百年外，一直延续至今。

那么该活动又为何被称为葵祭呢？明眼人都能发现参加葵祭游行的

人与牛车上都装饰有葵叶，但此处的葵绝不是指向日葵，而是一种叫作"双叶细辛"的植物。祭典所用的近一万株葵叶大多都是提前四天在附近的深山中采摘。

葵祭的仪式感很强也很神秘。除了游人都可观览的古装游行外，典礼头天夜里举行的御阿礼神事，典礼当日在御苑内举行的宫中之仪，以及在下鸭神社与上贺茂神社举行的社头之仪，都是只闻其名而绝不向外人开放。比起祇园祭的庶民化，缺乏娱乐精神的葵祭更像是一场要以严肃态度欣赏的历史剧。

值得一提的是葵祭所使用的服饰，那绝对不是国内那些古代主题乐园中的粗制滥造可以比拟。这些平安时代的装束都是由专家根据古籍考证，严格按照传统技艺与材质裁制而成。下雨、日晒都会对其造成损伤，于是每次活动结束后都会由专人进行保养和储存，也因此这些道具得以代代相传。

京都的葵祭并非仅仅是一场盛装的时代秀，更难得的是它已经跨越千年而深植在一个民族的精神家园中。我们现在常讲要文化自信，可以去京都看看葵祭。

京都祇园祭

　　7 月的京都，虽然十分湿热难耐，但却是一年中最热闹的月份，闻
名世界的祇园祭的各种传统活动将充斥整个 7 月。那么为什么祇园祭非
要在炎夏举行并持续一个月之久呢？

　　祇园之名并非京都的独创，而是来源于印度佛教中所说的"祇园精
舍"，传说是佛陀重要的说法地，位于今天的尼泊尔境内。

　　平安时代大约公元 689 年的京都，因人口激增发生了重大的疫情，
导致大量的人口死去，人们开始把这归咎于怨灵作祟。之所以如此，是
当时崇信佛教的人们由疫情联想到了印度佛教传说中祇园精舍的守护神
牛头天王。

　　据说牛头天王某夜外出，由于天色已晚便跟途中的人家借宿。他先
跟富裕的巨旦将来借宿，结果遭到拒绝。反倒是巨旦的弟弟，一贫如洗

的苏民收留他借宿了一晚。八年后，牛头天王再次出现在苏民家中，让他制作一个茅轮挂在门上。说完便走了。结果，当晚疫病蔓延，只有苏民一家幸免于难。

人们为了平息牛头天王的怨灵，于是就在京都东山的祇园社（今八坂神社）供奉祭祀牛头天王，结果还真的平息了疫病。京都家家户户亦挂起"苏民将来之子孙"的护符，以祈求健康平安。

不过这种祭祀最初只是在疫病发生时才进行。直到公元970年起才成为惯例，在每年容易发生疫病的6月7日与6月14日举行，直到日本明治后改行西历，才成为现在每年7月例行的祇园祭。

为期一个月的祇园祭，从7月1日上午10时的"稚儿"参拜开始，到7月29日回到八坂神社向神明禀告祭典结束。如此闷热的天气下，实在是佩服京都人热爱传统的精神。

任何的传统活动以及宗教仪式，必然都会有一些清规戒律，比如佛家的斋戒以及穆斯林的斋月等等。只有这样才显得正统与神圣。自然，像祇园祭这样有历史传承的活动也不例外，虽然比不上佛家的斋戒，但在饮食上也有所禁忌。

谁承想如此庄严的活动，禁忌居然是参加者一个月不许吃胡瓜。何为胡瓜？据说是奈良时代从中国传来，"胡"是古代中国对丝绸之路诸种族的统称。胡瓜这个外来物种也就是今天的黄瓜。作为夏季最利口清爽的菜蔬，竟然要忌口一个月，这到底所为何来呢？

秘密就在当你正心满意足地咬开黄瓜之际，你会发现，黄瓜的横断面竟然像极了祇园神社的社徽。这绝对是个不能说的秘密，大家觉得把神社的标志吃下肚子实在是对神不敬，于是便衍生出这么个奇怪的风俗。不禁佩服当初第一个吃黄瓜并发现这个秘密之人的想象力。

不光是祇园祭，江户时代，德川家康的孙子水户黄门德川光圀（音同国）也曾说过："黄瓜有毒，不宜栽种和食用。"据说也是有人说黄瓜横切面像德川家纹的缘故，黄瓜真是无辜中枪。可这也挡不住平民的口腹之欲，江户时代的人们涌现出来为了美食不怕死的劲头儿，黄瓜反倒是大受欢迎。

当然，该风俗的形成主要是跟京都人重视"家纹"的文化有关。熟悉日本战国史的人，自然会对各诸侯大名五花八门的家纹印象深刻。"家纹"这种象征身份的文化起源于平安时代的贵族，尤其京都人对祖先的家纹更是极为珍视，他们把它印在衣服、灯笼以及各种用品上。如果你去参加茶会，遇到和服上印有家纹的人，那么一定是来历不俗。

祇园祭忌吃黄瓜，外人听起来似乎好笑，但却是被认真执行的传统。奉劝各位，观看祇园祭时，千万不要大嚼着黄瓜出场。

京都时代祭

　　一年一度的"时代祭"算是一场大型的超级复古秀。此活动自明治二十八年（1895）起，为了纪念桓武天皇平安迁都 1100 年而成为惯例。约 2000 人的行列，将重现一千余年里古都的历史。

　　京都为何要举办如此声势浩大的复古游行活动呢？并非仅仅是为了娱乐。自打明治迁都东京后，京都的人口锐减，到 1873 年只有 22 万人左右。当地的居民害怕如果不做任何努力的话，他们的城市会逐渐衰落下去。复兴该城市的一个想法是组织一次游行，再现京都从平安时代初期到江户末期的风俗习惯。

　　但这样的复古秀绝不是粗制滥造的古装游行，整个游行要用到 12000 多件古代的人工制品，其中包括服装、鞍具、装饰物和鞋等等。这些物品根据详尽的历史研究加以仿造，运用相同材料加以制作或着色，以重现其本来的面目。他们的总价值可达 25 亿—30 亿日元

（2100万—2500万美元）。正是这个原因，人们有时候将游行称作"行走的博物馆"。

一座城市因为珍惜历史所以才有未来，人又何尝不是如此。

京都御苑时代祭

京都大佛

　　说起日本的大佛，总被提起的一定是镰仓大佛与奈良大佛。对于来京都的游客，印象深刻的也多是拥有精致庭院的禅寺而非宏伟的大佛。那么像京都这样与佛教有着深厚渊源的古都，到底有没有所谓的京都大佛呢？

　　临近京都国立博物馆，沿着大和大路的东侧有一处巨石堆砌的石墙遗迹，这里便是曾受丰臣秀吉之命修建的方广寺，俗称大佛殿。

　　公元1567年，奈良东大寺毁于战火。喜欢大型工程的秀吉决定在京都重造东大寺那样的大佛。该工程自1586年动工，调集了天下诸侯与京都民众，誓要造出高于奈良大佛的京都大佛。为了便于人们参拜，还对周边环境进行改造，正对寺庙的参道便成了今天京都的"正面通"。

　　秀吉对大佛的落成十分期待。为了缩短工期，使用了当时中国明朝的在木质佛像刷灰泥的技法。1595 年大佛建成后，还没来得及搞开眼仪式，大佛就在隔年的"庆长·伏见大地震"中严重损毁。

1597 年 9 月，为了给在侵朝之战（中国称万历朝鲜之役，朝鲜称壬辰倭乱；日本称文禄·庆长の役）中死去的亡灵镇魂，秀吉在大佛殿前举行了施饿鬼会，法会上用大量带回日本的敌人的鼻子代替首级，埋在了大佛殿旁并修建了"耳塚"（鼻塚）。秀吉想表达一种怜悯之心来求得心理安慰，却仍逃不脱战争失败的命运。

1598 年 8 月，秀吉带着无奈死去，他生前希望死后能作为神灵被祭祀。他终以丰国大明神的封号葬于大佛殿附近的丰国神社，德川家康隆重操持了他的丧礼。

秀吉死后，其子秀赖继续未竟的造佛事业，怎奈 1602 年又遭受火灾。即使后来决定建造铜佛，无奈 1662、1798 年又遭受地震与火灾。到了 1843 年，重建好的大佛半身像再次惨遭大火，从此再没有重建。真可谓一路坎坷，如今也只能凭借残存的钟楼与梵钟凭吊这处古迹。据说这个梵钟只有在除夕夜才能被敲响，因为里面聚集了秀吉的侧室"淀夫人"的亡灵。

京都今天最大的大佛是伏见欣净寺毗卢遮那大佛，建于江户中期。虽然某些旅游指南中介绍这是日本最大的木质佛像，但缺了秀吉这样的主人公总感觉差点意思。

梅花祭说北野天满宫的缘起

京都北野天满宫，在中国游客心目中也许并非什么了不起的景点。可每年 2 月 25 日的梅花祭时节，从如织的人潮里可感知此地在日本人心目中的位置。

这里祭祀的是号称日本学问之神的菅原道真。据说此君从小便文采斐然，十一岁所写的汉诗《月夜见梅花》："月辉如晴雪，梅花似照星。可怜金镜转，庭上玉房馨。"丝毫不亚于七岁能作《咏鹅》诗的骆宾王。因学问超群，他自 25 岁起便仕途顺利，在他的提议下，平安时代的日本废除了遣唐使，开始实现文化自立。因此他被后世称为"学问之神"。据说日本各地祭祀他的神社多达一万多处。日本各地的学生临考前总要去拜他祈求好成绩，这不禁会令人想到中国的孔子与孔庙。

想来菅原道真一定也是如孔子像描绘的那样一副忠厚长者态吧？可现实往往很骨感，兴建北野天满宫的真正原因并非崇敬学问。非但如此，菅原道真起初竟是京都三大怨灵之一（其余两位为早良亲王与崇德上皇）。

有才之人遭人妒，菅原道真也不例外，在遭受政敌陷害之后，五十九岁的菅原道真在流放地太宰府含恨而亡。道真遗体由牛车运去埋葬，走到半路牛车就怎么也动不了。对此感到奇异的太宰府地方官吏与百姓就将道真的遗体埋在了牛车停止的地方，今九州太宰府天满宫的本殿之中。从此牛便成了道真的使者，这也是今天北野天满宫中遍布公牛雕像的原因。

道真死后三年，京都发生了各种落雷、地震与火灾。最奇特之处是那些陷害菅原道真的仇家接连暴死，其中有几位竟然是被雷劈死。连下令流放道真的醍醐天皇也因"清凉殿落雷事件"而被活活吓死。于是京城里便开始流传菅原道真的怨灵回来复仇的传言。其后近百年间，道真的怨灵时不时便会给京都带来灾祸，直到公元 1004 年一条天皇亲临天满宫祭祀，才平息了道真的怨气。

此外，菅原道真的封神之路也是一路坎坷，起初被封为雷神，后又被一条天皇封为"北野天满宫天神"掌管农业，直到江户时代他才被公祀在私塾中成为学问之神。

北野天满宫因安抚菅原道真的恶灵而修建，今天已成为京都赏红叶与梅花的名所。每月 25 日道真祭日，还要举办古董市与民同乐。周边丰臣秀吉的御土居、上七轩花街与其连成一片，此处大有可能成为京都的第十八处世界文化遗产。加之每日各地的学子络绎不绝至此祷告学业，香火旺盛的北野天满宫在日本人心中绝非等闲处。菅原道真在天有灵，也应该无所怨恨了吧！毕竟在京都，能被尊称为"天神桑"的唯有菅原道真。

北野天满宫梅花祭

下鸭神社『流镝马』

唐人卢纶的《塞下曲》道："林暗草惊风，将军夜引弓。平明寻白羽，没在石棱中。"描写的是汉代飞将军李广射术高超的故事。幼时读各种演义，钦佩于古时豪杰膂力过人，百步穿杨的勇力。但却只能凭想象而无缘亲见，毕竟冷兵器时代早已远去。

京都的古老不只在于保留了许多的古迹，更加难得的是许多传统百千年未变，留存至今。比如每年 5 月初，作为京都三大祭"葵祭"的序曲，在下鸭神社举办的"流镝马"活动。简直就是令人大开眼界，古代传奇里提到的百步穿杨，瞬间便在眼前复活。

何谓"流镝马"，简言之便是古代战争中的骑马射箭。古时的日本武将身穿铠甲面具，保护周全。正面仅双眼和面具下方颈部处三点露出。因此想要在千军万马中用弓箭取上将性命，实在不易。但历史上却多见箭士策马扬鞭，呼啸飞矢，致敌将一箭而亡的记载。

日本镰仓时代，武家势力抬头，源赖朝为祈求国家安泰，于祭祀之际，供奉了在战场上的流镝马表演，使其大受欢迎。自此，流镝马开始由一种战时武艺，逐渐演变成为祭奠活动中驱魔消灾的礼仪表演。

一般认为武士刀是武士的象征，但实际上在日本战国时代（1467—1615）及以前，和弓（日本长弓）才是武士们最常用的武器。有资料显示，战国时代的日本战场上弓箭造成的伤害达总伤亡人数的四成，为所有兵器之最。

和弓最大的特点就是长。在世界冷兵器时代的弓当中，以和弓的长度为最。欧洲最著名的英格兰长弓，其长度是 1.6—1.8 米，而和弓普遍在 2.2 米以上，有些甚至达到 2.4 米。但问题是古代日本人的身高非常矮。有人考证德川家族历代将军的平均身高也就一米五几。这样的话如果徒步射箭很容易将自己绊倒，因此便需要苦练骑射本事。据说这样射出的力道足可以击穿头盔。

日本的射术源自中国，曾经战场上的杀人武艺如今已演变成为传统的射礼。不仅是流镝马的活动，弓道仍然是日本学校中体育教育的一环。再加上自镰仓时代，中国禅宗对幕府的大力影响，故而日本弓道里也引入了不少禅宗的思想。反观中国，曾经古代极为重视的射术却早已湮没在历史长河中。

下鸭神社的流镝马表演，骑射者英武异常，直看得男儿血脉偾张。遥想古代边塞，壮士策马挽弓，大漠孤烟，长河落日，何等豪迈。

下鸭纳凉古本祭

从蹴鞠到日本足球

　　说起来日本人热爱足球运动的梗还是来自古老中国的蹴鞠运动。蹴鞠作为现代足球的先驱于公元 645 年大化改新后传入日本，历经平安、室町、江户时代成为重要的宫廷活动，许多任天皇与将军都是个中好手。就连织田信长与丰臣秀吉也不例外。直至今天，每年 1 月 4 日仍可在京都下鸭神社观赏到蹴鞠活动。

　　努力向外部世界学习，一直是岛国的优良传统。从 1977 年开始，日本足球正式走上大规模的留洋之路。一开始学德国，到 20 世纪 80 年代，日本的留洋方向便发生了改变，他们不再盲目跟风德国，而是选择去巴西练习技术。同时日本足协还组织大批青少年球员到巴西留洋，现在联赛的很多球员都有过留学巴西的经历。

　　颇值得一提的是，这些足球留学生一般都是自费，这意味着要负担很大的经济压力。花自己钱与花国家钱毕竟不同，所以在外学习的日本球员也非常能吃苦。曾征战英超的稻本润一表示："没有高工资和出场费都没关系，只要能学到真东西就行。"这样的精神真有点儿明治维新的劲头儿。

留洋为日本足球带来的进步显而易见，从 1998 年世界杯开始，日本队已经连续五届跻身世界杯决赛圈。相比之下，花费不菲的中国足球，也同样经历了引进外援与足球留学的道路，可仍是每每举国失望。

从中日足球想到了一个多世纪前，急于振兴海军的大清派遣留学生赴英国格林尼治皇家海军学院留学。同期在此留学的还有日本海军的留学生，后来的结局众所周知。诚然，任何有效的学习都需要付出不菲的代价，可心里装着什么样的目的却是制胜的关键。

在闻名于京都的下鸭神社亲眼见到中国古代的体育盛事"蹴鞠"。第一次听到这个名称，还是小时候读《水浒传》，那位著名的奸臣高俅便是蹴鞠能手。据说此项起源于中国战国时期的运动最早是出于军事训练目的，至宋代变成盛行于民间的娱乐项目，明代起也受到女性的欢迎，到清代被废止，是现代足球的鼻祖。庆幸这一传统保存至今，仍能在每年 1 月 4 日下鸭神社午后的蹴鞠活动中一睹这一中华遗风。人山人海的下鸭神社，挤在人群中观看身着平安时代服饰的蹴鞠，阵阵喝彩声里，恍惚间回到了北宋汴梁城。

下鴨神社蹴鞠

鸭川与贺茂川

　　翻开京都的旅游地图，沿鸭川溯流而上，到出町柳分道，右侧的河道叫"高野川"，左侧仍被称为"鸭川"，但京都人却把从这里分汊出去的河流称为"贺茂川"。有趣的是，在京都的官方称谓里却没有任何一条河被命名为"贺茂川"。为何一条河流却有两种叫法呢？造成这种混乱的原因还得从明治时代说起。

　　其实"鸭川"成为正式称谓，历史并不久远。一百多年前的 1896 年（明治二十九年），京都的官员依照当时新制定的河川法将其命名为"鸭川"。但这在当地人中引发了不少争议，因为自古京都人就习惯了把上游称为"贺茂川"。因为最早在河两岸开垦土地的是公元五世纪末到此的贺茂氏一族。随之，沿河的土地便分成了上贺茂村、西加茂村与下鸭村，而有趣的是不管是"贺茂""加茂"还是"下鸭"，日语中的读法都是"かも（kamo）"，只是汉字写法不同，这条河也顺理成章地被不同部族划分成了"贺茂川""加茂川"以及"鸭川"。这也是造成一条河叫法混乱的根源。

奈良时代写成的《山城国风土记》中称其为贺茂川，江户时代的地图中则被称为加茂川，可到了江户末期到明治时代大家又改称其为贺茂川。最后还是由政府出面正式定名为"鸭川"。

但这样的决定并未令当地人满意，直到今天京都人仍固执地把上游称为贺茂川，而下游称为鸭川。当然，除了以上原因外还与沿河修建的上贺茂神社与下鸭神社有关，仿佛有些被不同神社分片儿治理的感觉。

说到这里，好像问题已经解决，毕竟"鸭川"已经成了官方认定的名称。可京都市的市歌却分明唱道："加茂之水清泠泠。"为一条河定名还真是件纠结的事儿。

每年 7 月后的台风加暴雨，使得京都市内的河川都有暴涨之势。尤其是站在市内繁华地段的四条大桥处望向鸭川，其奔腾汹涌的气势一改往日的温柔恬静，哪里还是平日京都人沿河岸悠闲嬉戏、散步遛狗的那条鸭川，我还曾带孩子们在河边看过"七夕祭"。由南到北流贯京都的鸭川，给游客带来的印象或许永远是那条安静流淌着清澈见底的河流。

可正是这条鸭川，历史上却异常地狂暴。据记载这条河动不动就泛滥，反倒是条令京都人头疼的河川。人们为了治水想尽各种办法，今天鸭川两岸一些以"法"字开头的寺院，比如法胜寺、法性寺之类，就含有"水去"之意。以至于白河法皇曾说过一句经典的话："人生三不如意之一就有贺茂川的水。"可问题是，话里明明说的是贺茂川，似乎和鸭川毫无关系。

去京都看海

从未有过来京都看海的念头，周围的伊势半岛、和歌山都是不错的选择。但恰恰是京都，除了历史名胜之外，仿佛受上天眷顾的拥有日本三景之一的"天桥立"海景。印象中冬日的海会有些萧瑟，可天桥立的景致却在苍松古寺（临济宗智恩寺）的衬托下宛如宋画里的潇湘八景。饶是海景见的多了，可仍被这样符合东方式审美的海景所折服。与之相比，古城镰仓的海边也太过文艺气。

所谓的"天桥立"，指的是宫津湾与内海阿苏海相隔的沙洲，从南端的文殊到北端的府中，全程共 3.6 公里。该处遍植八千多棵松树，如蟠龙般蜿蜒于沙洲之上，宛如一条直上云端的天桥。

有趣的是，这样的景致却有独特的观景方法，正确的打开方式竟是站在高处背对大海，然后弯下腰从两腿间往后看。只有如此，才能看到最美的天桥立。也不知是哪个时代的高人开创了这样的观景方法，惹得无数游客到此竞折腰。

日本室町时代的画家雪舟曾到此绘制《天桥立图》，但奇怪的是画中的景致却和今天的天桥立不太一致。原来天桥立美景的形成颇费时间，京都大学的教授岩垣雄一根据其沙砾堆积量推测，如此美景花费了三千五百年才完成，真可谓浩大的工程。

到天桥立看海之京都，感叹大自然造物的神奇。此处真如幕府将军足利义满所说："天桥立乃宇宙之玄妙。"据说天桥立一带，还是日本最早从中国引进水稻栽培的地方。从中国大陆漂洋而来的中华文化最先恩泽到这片地区，所以也是古代日本最早的文明繁荣之地，被称作"海之京都"，"河之源流"。此地的智恩寺，里面供奉着日本三文殊之一的智慧之佛——切户文殊菩萨（另外两个分别是奈良的安倍文殊和山形的龟冈文殊）。本地传说该寺的文殊菩萨是专门从中国的五台山镇服恶龙的。请来的天桥立附近的伊根舟屋更是出了名的渔村，至今有一千七百年的历史。原先建造时，是为了存放木船和渔网。现在，舟屋多半改造成二楼为餐厅及住宿，一楼存放船只。整个日本，目前只有伊根有二百三十多家舟屋可供游人体验渔村原始之美。此外，附近还有徐福东渡之传说。大海、山峰、舟屋、海鲜构成了"海之京都"，倒是别有一番风味。

日元上的世界遗产

　　一个国家的货币，也算是一国政治文化形态的缩影。日元一万元纸钞背后印着的凤凰与十元硬币背后的建筑图案，却都来自成为世界遗产的古迹宇治平等院。由此也可以看出平等院在日本人心中的骄傲指数，关于它的故事还要追溯至一千多年前的平安时代。

　　以"平安"命名的都城真的如愿了，平安京建成后竟维持了三百多年的平安。平安时代的贵族盛行游山玩水并竞相在京城近郊修建别墅。当时最著名的别墅区有两处，一是今天的京都市嵯峨为中心的大堰川河畔，另一处便是宇治川周边。

　　然而，即使是沉迷于歌咏雅乐而不思朝政的贵族，依旧对死后的来世怀有强烈的不安。接二连三的天灾、大火等等，导致人心惶惶，无常与厌世思想逐渐蔓延。佛教中所说的"末法思想"，进驻人心。于是，祈求远离尘俗而往生极乐净土的净土思想开始流行。贵族出家修行成为风尚，他们试图在现实生活中创造出心目中的净土世界。现今存世，唯一能令人一睹平安贵族的净土信仰的场所，便是由当时的关白藤原赖通于 1052 年在其父的别墅宇治殿基础上改建的佛寺平等院。凤凰堂内由平安时代最具盛名的佛像师定朝所做的阿弥陀如来，双木微睁、结跏趺坐，通过凤凰堂正面圆窗望向殿外。殿内四壁的十数尊"云中供养菩萨"，身姿优美，呈舞乐状。屋顶的一对金色凤凰振翅欲飞，令人赞叹。平安时代的歌谣中吟颂道："不信极乐者，可去宇治拜佛。"

依山傍水的平等院所呈现的庄严静美，无法用语言去简单形容。若无平安时代权倾一时的藤原赖通对营造，以及末世佛法与审美情趣的理解，便不会为后世留下这"净土庭院"式的杰出建筑。或许传说中的西方极乐净土也不过如此吧！难怪日本把平等院凤凰堂印刻在十元硬币上。公元 1017 年 8 月，平等院的缔造者藤原道长圆寂于平等院凤凰堂，据说头枕北，面朝西，手持佛手接引西方极乐的丝线，安详而逝。是谁创造了历史？又是谁在漫长的历史中创造了不朽的文明？那个时代从庶民到贵族心中好像都有光。站在这表现净土世界的庭院前，或许便能有所感悟。

京都风物

02

『舞妓』与『艺妓』

　　获了诺贝尔文学奖的川端康成，把京都、茶道与艺妓作为日本文化的标志传播到世界。周作人也曾说过："日本有两件事物，游历日本的外国人无不提及，本国人也多很珍重，就是武士与艺妓。"撑着红伞站在古老建筑旁的艺妓仿佛就是京都的标志。

　　来京都旅游，许多人甚至专程趁夜间前往祇园，只为一睹正匆忙赶赴宴席的舞妓的身影。自然其中不乏心怀叵测者，因为不管是"舞妓"还是"艺妓"，毕竟名称里总有个令人遐想的"妓"字。祇园也因艺妓（舞妓）被印在各种宣传手册上而闻名。其实古老的京都曾拥有六大花街，比如被称作京都最古老花街的"上七轩"。其舞妓与艺妓的正统性与专业度，在京都人心中丝毫不亚于祇园。

　　艳丽的和服，雪白的妆容，头插美丽的发簪与流苏，在外国人看来这便是艺妓的标志。至于为何有时称"艺妓"，有时又被称为"舞妓"，自然是无从分辨的。

　　祇园算得上是京都舞妓、艺妓和茶屋最多的地区（约七十间茶屋和三十多位舞妓），其源头可追溯到镰仓时代（1185—1333）在茶屋中奉茶的女性。镰仓时代中期，祇园有很多服务参拜香客的茶屋，这些茶屋雇用了很多女性来帮忙倒茶水，相当于当代的咖啡店女招待，这便是舞妓的源头。后来这些奉茶的女性也开始奉酒，接着又开始唱小曲跳舞取悦客人。其中专门跳舞的便称为"舞妓"。随着时代变迁，这支队伍经过不断的专业化改造，至江户时代中期发展成今天的样子。祇园发展的顶峰时期，舞妓人数过千。但随着时代变迁，加上成为舞妓之路的艰辛，如今日渐凋零。

　　舞妓在15—20岁仍属于训练期，毕业后才能晋级为一名艺妓。东京人却把舞妓称为"半玉"，艺妓称为"艺者"。经过各种琴棋书画、吹拉弹唱的严苛训练后，舞妓出道是一件大事。第一天见客人会由前辈在后颈处画上"三本足"，在下唇处涂抹口红，这也是身份的象征。但花街有花街的规矩，那就是结婚便意味着职业生涯的结束，这也是到了一定年龄的艺妓必需的选择。

　　中国清代的学者黄遵宪写了本《日本国志》，他认为艺妓甚类唐宋官妓、营妓。中国的唐宋时代，士大夫携妓吟唱，是当时普遍的习俗，在中国浩瀚的诗词曲赋中，亦留下了不少风骚佳句。除了陪酒听曲之外，游客千万别往歪处动心思。如果能让舞妓或艺妓对你动了情另眼相看，只能说你魅力爆棚。当然岛国人也绝不是那样的圣洁，靠出卖肉体为生的女子被称为"游女"，跟"妓"毫不沾边。

已经忘了有多少次，醉眼蒙眬间漫步在夜间祇园的石板路上。与盛装的舞妓擦肩而过。痴痴一望间，对方颔首低眉抿嘴而过，恍如隔世。这不正是白乐天《长恨歌》里所写的"云鬓花颜金步摇"吗？

"茶屋"这样的地方，顾名思义会让人以为是喝茶或者卖茶的店铺。但实际上却是享受艺妓或舞妓服务的场所。

看日本的古装剧，经常会看到这样的场景。武士们在茶屋中与舞妓宴饮玩乐，然后扬长而去与仇家血洒街头。让人误以为武士们都是挥金如土的主儿，因为即使是日本人也总告诉你说招舞妓或艺妓的价格不菲。那么这样的花销究竟如何呢？

把艺妓或者舞妓招至茶屋的花销称为"花代"，花代的计算通常以时间为单位。江户时代还没有普及钟表，因此便以线香代替。从舞妓或艺妓走入茶屋起，便会燃起一支香，算钱的标准相当仔细。就拿祇园为例，烧完一支线香的时间为五分钟，而烧完十二支线香就是一小时。但先斗町的线香由于比祇园粗，所以以烧完四枝线香为一小时计算。因此，客人在时间上丝毫讨不得便宜。估计江户时代的武士都恨不得线香燃得慢一些吧。

今天的花代费都是以两个小时为单位，每个单位通常是一人三万五千日元左右（约合人民币2100元），另外还要再加上座位费。如果再加上用餐的话，则需要每人再加一万五千日元左右（约合人民币880元）的餐费。所以各项费用叠加起来，叫一位艺妓或舞妓大约需要花费五万五千到六万日元。

在京都招舞妓毕竟属于很有格调的夜生活。试想身着和服的女性跪在一边斟酒陪伴，歌咏弹唱，极大地满足着男性充满遐想的心理，因此这样的价格自然比有陪酒女的现代酒吧要贵很多。

京都实在是四季分明的城市，对于我这种生长在大陆国家的北方人来讲真是宜居城市。春有樱花，夏有荷，秋赏红叶，冬有雪。京都人用来感受四季的可不仅仅是依靠自然节气和日历牌。

歌舞伎南座

说来有趣，在京都对于四季变化最为敏感的竟然是舞妓。舞妓插在头上的发簪称为"花簪"，京都本地女性穿和服时唯有舞妓戴花簪。这种花簪的装饰十分讲究，往往都是配合节令。比如：正月时，头上便装点为松竹梅，并且会伴垂着一枝稻穗直至正月十五。这种习俗的寓意是用来自勉："今年里要像稻穗一样饱满谦和。"接着，二月换成梅花，三月是油菜花，四月是樱花，五月是紫藤或鸢尾。等到了六月换穿夏季和服时，花簪便换成了垂柳或常夏。七月是团扇，祇园祭时则装扮款式特别的"祭典花样"。八月为芒草、烟火或牵牛花，九月是桔梗。到了十月和服再次换季，花簪则改为菊花或者雏菊。十一月当然是红叶，十二月的花簪上面则装点一种有歌舞伎签名的"招き（招客牌）"。所有的花簪都是以一种叫作"羽二重"的丝绢再加上和纸、平丝与金银丝线等手工制作而成，细致精美。

因此，即使你坐在舞妓的对面而无法欣赏舞妓的花簪，也只能算是位不合格的风骚客而已。舞妓的花簪俨然就是京都的风物诗。

如今京都闻名的祇园花街，当游客在传统的数寄茶屋中体验艺舞妓服务时，可曾想到百多年前这一带曾是属于寺院的领地。

祇园花街南边有一座建仁寺，在江户时代其地域直达四条通。明治维新时政府没收了寺院大量土地，逐渐地在这些土地上开起茶屋与店铺，直到发展为花街。

无论在哪里，人们总爱把文化人与妓联系在一起，仿佛非如此不能尽显风流本色。于是过去便流行一种说法，京都各大学的教授们最爱去花街寻欢，可仔细想想从古至今靠学术圈的收入水平实难撑起花街的繁荣。当然，哪里都不缺文人的风流传奇。作为京大教授的哲学家九鬼周造（其大作《"粹"的艺术》），就经常是早起从祇园直接去京大上课。

倒是有过确凿证据说，祇园与上七轩花街最挥金如土的客人其实是西阵地区的织造商。许多精美的和服便是因商人们钟意于某位艺妓而设计出的。

随着和服产业的江河日下，电影人又成了艺舞妓的常客。常有电影明星争风吃醋的事，就曾有过影星市川雷藏和胜新太郎包下过所有艺妓的传说。但好景不长，电影行当也无法维持景气。

那么谁才能成为艺妓的真正金主呢？整个京都谁才能算是真正的有钱人呢？

如果你有幸在京都花街中看到穿袈裟的和尚在酒席间欣赏艺妓歌曲，可千万别以为是游客一时兴起的易装秀。没错，京都的和尚酒肉穿肠，招个艺妓也属平常。艺舞妓卖艺不卖身，欣赏个才艺不算破戒。娶妻、吃酒、招艺妓，这样的行为怎么得了？难怪许多朋友对我说："当和尚才是日本最好的职业。"

还有一支不可忽略的力量，便是外国观光客，这些人带着无限遐想不远万里慕名而来，挥金如土而去。为了谋生的艺舞妓们也都能顺应潮流，本人就曾经邂逅过一位芳龄十八的貌美舞妓，那中文说得字正腔圆，令人叫绝。

在日本，关东地区称艺妓为"芸者（げいしゃ，Geisha）"，而关西地区则称为"芸妓"（或写为"芸子"，皆读为げいこ，Geiko）。因为明治维新时是以关东文化为主流与西方展开交流的，所以艺妓的英文与法语读音都是"芸者"（Geisha）。

但却绝不能因此简单把艺妓等同于艺者，在京都把艺妓称为"芸者"（Geisha），实在是失礼至极。

其实在古代日本，宴会上表演节目娱乐客人原本是男人的活儿。这些身怀才艺的男性被称为"芸者"。到18世纪中期，才开始出现女性的服务者。在京都，为了将这些女性与男性区别开而称其为"芸子"。因此"芸者"的称谓仅仅指代男性。逐渐的，女性终于抢了男性的饭碗。（脑补一下，喝酒时旁边坐着一脂粉气的男性劝酒实在不是滋味。）人们也开始用"芸者"称呼女性从业者。但这种称呼也仅流行于东京的花街，京都大阪还是称为"芸子"。

有时想想，京都可算是日本最完整保留花街文化的地方，而艺舞妓也许才是日本文化最好的传承者。游客虽也可大言不惭道：我是外国人，根本没必要分清"芸子"与"芸者"的微妙区别，但如果有一天，当你在京都花街接过舞妓递过的酒杯时，一声"Geiko"而非"Geisha"的称呼，定能换来艺妓掩面抿嘴的会心一笑吧！这样的花酒下才能吃出几分味道。

中国自古便流传关于烟花女子与名士的爱情故事，譬如柳如是、苏小小、陈圆圆、李香君等等。更有顺治皇帝因董小宛而逊位、青楼出身的董竹君创立锦江饭店的佳话。日本也曾经发生过这样的事情，故事发生地是在京都的花街祇园。

在祇园每年的一月二十日，被称为"富贵之日（玉の輿の日）"。这背后是一段真实的灰姑娘变凤凰的传奇故事。

花街的艺舞妓虽不以卖身为目的，但也都心存嫁入豪门的憧憬。历史上就常有艺舞妓出外赴宴时被富豪名人看上的例子。明治时代，祇园曾有间叫"加藤屋"的茶屋，此处有一位著名的艺妓名叫阿雪（艺名：雪香）。拜倒在阿雪裙下的名流非富即贵，其中就有一位大名鼎鼎的富豪。此人便是当时美国财阀 J. P. 摩根创始人的侄子乔治·摩根（George Denison Morgan）。

摩根对阿雪一见钟情，可惜阿雪当时另有情人，便两次拒绝了摩根的请求，但这位情人因为家庭原因另娶他人负心而去（此人也非寻常，是银行家川上俊介）。摩根借机展开了凌厉的爱情攻势，声称娶不到阿雪便会去死，真情之下终于抱得美人归。摩根为阿雪支付了四万日元的天价赎身费，相当于现在三亿日元。1905 年的 1 月 20 日，俩人举行了盛大的婚礼。

婚后阿雪改名为摩根雪，随夫至美国生活。夫死后又搬到法国定居，1938 年搬回京都紫野大德寺边居住到 81 岁去世。她死后三年，京都与巴黎结为友好城市，巴黎把送给京都的一种名贵的白玫瑰品种命名为"阿雪"。

有一种更为传奇的说法，说是"二战"时美军之所以没有轰炸京都是因为阿雪在美国太出名，美军不忍轰炸阿雪居住的城市。当然，这也和梁思成保护京都的版本一样，无从考证。

阿雪的爱情故事被日本宝冢剧团改编成了音乐剧而大受欢迎。她的传奇仍然在祇园的艺妓中间流传。如今，阿雪与摩根当年邂逅的茶屋已被改为中华料理营业。

东寺与『弘法市』

作为日本现存最高的佛塔，也作为京都的象征，五重塔矗立于此镇守古都一千二百余年。就像是整座古都的入口，指向远古。

宏伟高大的五重塔是京都的标志，但京都人却绝不称它为"五重塔"，而是用"东寺塔"来相称。有别于印象中日本那种精致绝伦的禅宗寺院，东寺的空旷与香火缭绕倒是像极了中国的寺院。本也该如此，东寺原本就是在那个一切向中国看齐的时代建立的。寺院的第一任住持便是那位大名鼎鼎曾到过中国留学的空海和尚，日本人尊称其为"弘法大师"。从他开始，佛教才算是真正在岛国的土地上扎根。桓武天皇的儿子嵯峨天皇，大力推崇空海从大唐学来的真言密教，在平安京迁都三十年后的公元823年，把东寺赐予空海作为道场。因此，东寺的正式名称非常高大上，称为"教王护国寺"。当时留学归来作为全日本最大的知识分子的空海也不负众望，把东寺变成了日本历史上第一所平民教育机构，起到了镇护国家的作用。如今东寺讲堂中的佛造像、御影堂、莲花门、灌顶院、五重塔等都是日本重要文化财产及国宝。

日本第一位诺贝尔奖获得者汤川秀树称赞空海和尚是日本历史上万能的天才，司马辽太郎与陈舜臣也都以空海为题材创作小说。公元835年3月21日，空海圆寂。至今为止，每月21日，为了纪念这位不世的高人，空旷的寺院内都要举办"弘法市"。那天近一千家店铺会露天摆下古董、手工艺品、农产品、花卉盆景、杂货等摊位，像极了中国的庙会。或许空海大师曾对信众与弟子讲述过入唐求法时，长安城繁华市集的景象吧？因此后人采用这种特殊的方式来缅怀他，东寺也因"弘法市"而增添魅力。

东寺弘法市

日本佛教母山

平安京营造之时，盛行中国的阴阳五行风水之说。建立都城，首先要封闭"鬼门"。而根据中国风水学，东北位为阴阳转化之处，为"鬼门"。而从天皇居住的内里向东北方位，正好是比睿山所在。因此，为了佑护京城的平安，在皇家的大力支持下，由最澄和尚在比睿山之巅修建了延历寺。

说起这个最澄很不简单，他与空海大师并称为平安佛教的两大巨星，日本佛教的奠基离不开二位大师。最澄，俗姓三津首。而有趣的是三津首家族自称是中国东汉最后一任皇帝孝献帝的子孙，应神天皇时代来日，定居于近江国滋贺郡，赐姓三津首。直到今天近江一带仍有许多人自称汉献帝苗裔。

唐贞元二十年（804），最澄率弟子义真等，作为第十二次遣唐使抵达中国临海龙兴寺研习天台教义，不仅如此，他对密教、禅宗、律宗等都有深入的领悟，主张"四宗融合"，回国后开创了日本天台宗。后来嵯峨天皇把最澄大师在比睿山修建的一乘止观院，以自己的年号赐名为"延历寺"。最澄也被后世尊称为"传教大师"。经延历寺培养出的名僧辈出，其后法然、亲鸾、荣西、道元、日莲等皆是一代宗师。因此延历寺与被称为佛教"南都"的奈良兴福寺，并称为"北岭"。比睿山也被称为"日本佛教之母山"。因延历寺地位尊崇，历史上和中国少林寺一样，也曾经出现过护法护寺的"僧兵"。可即使是这样的寺院，也最终于公元 1571 年 9 月被一代枭雄织田信长付之一炬，其原因众说纷纭。信长也因此成了日本佛教史上的"佛敌"。

历史走完一千二百年的风雨，与平安京同时建立的延历寺，今天仍屹立在比睿山之巅，宝刹庄严，景色旖旎，登山可俯瞰琵琶湖美景，称得上是京都东北最高胜景。寺中大讲堂、根本中堂、琉璃堂、戒坛院等都属于日本重要文化财产及国宝。

即使在今天的日本，想要成为一家寺庙的住持，仍需要在延历寺接受两个月的严格修行，此地可称得上是日本众寺院的大学。

京都明代寺院

　　京都的大小寺院，虽也给人以中国风的印象。但仔细品味下，却和我们平常在国内习惯了红墙黄瓦的庙宇分别极大。也难怪，大部分挤满游客的寺院在气质上都是继承了唐宋的禅宗式样，再加上日本人的本土化融合，离今天中国人的认识早已远去。榻榻米禅房与枯山水庭园已是邻家事物。

　　京都有没有从形式到内容都很中国风的寺院呢？打从经历了唐代鉴真大师、宋代众多禅僧东渡传法之后。到了明朝末年，中国又一位不世的禅僧来到日本弘扬佛学，这就是日本黄檗宗的开山祖师隐元隆琦。

　　公元 1654 年，六十三岁的隐元禅师受德川幕府之邀，从福建万福寺携弟子二十人渡日。当时的日本正处于闭关锁国的状态，一方面防止外来宗教的侵入，另一方面甚至颁布了禁止在新地建立寺院的法令。但隐元的到来却受到了当时的后水尾法皇和第四代将军德川家纲的大力拥护，他的到来为原本已经式微的日本禅宗重新注入了力量。作为特例，幕府命隐元禅师择地建设寺院。隐元亲选了京都宇治为新寺地址，其建筑、寺规、禅风都按中土福清黄檗山万福寺旧制并沿用寺名，以示不忘故国。1661年5月新寺庙落成，隐元成为住持，开山创立了日本三大禅宗中最年轻的宗派黄檗宗。

隐元多次提出叶落归根的心愿都被幕府极力挽留。1673年，在日本弘法二十年的隐元禅师重病缠身，后水尾法皇知道后，感叹不已，道："师者国之宝也，倘世寿可续，朕愿以身代。"流露出对隐元的崇敬之情，并特授隐元"大光普照国师"称号。同年四月初三，八十二岁的隐元禅师圆寂。临终告诉弟子说："身心俱已放下。"当时大明已亡，一直心怀故国山河的隐元不知是否仍放不下思乡之心。

走进万福寺，大雄宝殿、法堂、回廊等建筑配置一派明代禅宗伽蓝风格。就连庙里的弥勒菩萨也有别于日本其他寺院中的苗条身姿，而完全是中国式大腹便便的布袋和尚欢乐造型。时至今日，寺院每日诵经仪式仍严格按照隐元禅师传来的明代仪规，就连诵经的腔调也仍是黄檗唐韵的发音。当游客走入山门，不但仍可以在此领略中国明代的黄檗禅风，还可以大饱口福品尝当年隐元禅师从福建带来的寺院素食"普茶料理"。并在名品"胡麻豆腐"的美味里感怀这位隐元禅师。

京都秘境
真如堂

　　如果有人问，在京都最常见的是什么？莫过于为数众多的神社与寺院。据统计，全日本的社寺加起来总数竟高达 16 万所。而全日本的便利店也不过 55000 处，邮局网点仅 24000 处而已。仅京都的社寺数量就达到了 2500 多所，可饶是如此，许多神社寺院的景致仍能带给你各样的惊喜。从未见有人敢夸口曾逛遍了京都所有的社寺，许多鲜为人知的去处更显京都的韵味。

　　真如堂号称京都赏枫十大名所之一，却极少见于各种观光指南中。错过了红叶季至此，寺院更显得清幽。除去清扫人员外，也仅见零散游客。若不是天冷，此处倒真是一处可以静心读书的地方。

　　真如堂又名真正极乐寺，山号铃声山，本尊为阿弥陀如来，为天台宗寺院，缘起至今有千年的历史。"真如"本是梵文，是指真实无妄永恒不变的真理或本体。入山门竟见一三重塔，京都虽寺庙众多，可有塔的寺庙还是显得不凡。脱了鞋从具有三百余年历史的木台阶而上至本堂，大殿中央供奉的阿弥陀像，是由曾赴中国求法的圆仁慈觉大师（794—864，入唐八大师、日本天台宗三祖之一），用从中国带回的灵木，用三拜一刀的方式亲手雕刻而成。这尊佛像是洛阳六阿弥陀之一（号称点头弥陀）。在每年的十一月五日到十五日，寺院会用白绫绳子连接佛像手指，延伸到大殿外让信众可以触摸白绫以求加持。在阿弥陀佛像的两旁，分别是最澄大师（767—822，入唐八大师、日本天台宗三祖之一）雕刻的千手观音和日本历史上的传奇人物阴阳师安倍晴明（921—1005）雕刻的不动明王像。难怪佛家寺院里竟能见到代表阴阳五行的五角星标志。

据说真如堂还是三井财阀创始家族的菩提寺，寺内多见三井家的菱形家纹。每年4月都有三井企业新进的员工到此坐禅。日本一些老派企业常有这类传统——在寺庙住几日，抄经坐禅，以此增强企业的认同感与凝聚力。

我曾经幸运正好遇见方丈庭院特别公开，从本堂步入后庭竟然空无一人。意外发现重森千青（其祖父是鼎鼎大名的重森三玲）设计的枯山水庭园"随缘之庭"，还有曾根三郎设计的表现佛陀入寂的枯山水借景庭院"涅槃之庭"。一看似管理人员的老者过来阻止拍照，我拿出在重森千青先生家的合影给他看，老者竟对我深施一礼，并打开玻璃拉门让我拍照。真是 VIP 待遇，得以亲近这"随缘之庭"，还真有些随缘之意。熟人多了好办事，看来中日两国在人情社会这点上还真是相似。

在寺院中盘桓良久不忍离去，游客散去，唯有松风古寺做伴。

出得真如堂竟是后阳成天皇的陵墓，比起中国帝陵显得仓促而落魄。正感慨间，街边一江户风格的宽大宅院处推门探出一身穿和服的老者，竟是一西洋人，气质非凡。对望之下，老者颔首微笑，颇有古风。一切真实与否，如梦如幻。真如堂，真乃京都之秘境。

三十三间堂与弓道

京都的寺庙，精致典雅，大多不能用"壮观"来比喻。但位于东山七条的三十三间堂，却因本堂中供奉有一千零一尊千手观音立像而壮观到令人惊叹。

三十三间堂的正式名称为莲华王院，兴建于平安时代的末期（1164），后白河法皇下令平清盛出资建造。为什么此处会被冠以三十三间堂之称？又何以本堂中要陈列一千零一尊千手观音像？恐怕大多数人被这壮观场面震撼之余也并未多想。

对于第一个问题，到过三十三间堂的游客也许不屑一顾，因为景点的介绍中早已写明：本堂内柱三十四根，柱与柱之间的距离为三点六米，正好将殿堂隔为三十三间。

但问题是为何偏偏要三十三间呢？深究起来，三十三这个数字与古代的观音信仰有关。《法华经》中记载，观音会以三十三种化身拯救众生。

说是千手观音，但其实每尊观音只有四十双手。佛教认为每一只手拯救二十五个世界，千手观音的一千只手，每只手可听取一千个愿望，一千零一尊千手观音，每一尊又有三十三种化身，这就形成了一道拗口的数学题。一千只手 × 二十五个世界 × 一千个愿望 × 一千零一尊像 × 三十三种化身，可以拯救的众生便不可计数。于是著名的佛师运庆与其子湛庆以及麾下七十多位雕刻师受命造像，平安时代造了124座，其余八百余座都在镰仓时代完成。

平安时代末期已是"末法时代"，天灾与战乱使得整个时代弥漫着恐怖的气息。后白河法皇在这种乱世中度过了动荡的一生。从这些千手观音便可看出法皇的苦衷，希望更多地拯救那个乱世。

京都这样的地方，每一砖一瓦里都充满了典故，深究起来很容易便养成了"考据癖"，即使如此谁也不敢自称懂京都。

三十三间堂，除以堂中陈列的一千零一尊千手观音本尊而闻名外，更以每年开年举行的"通矢"比赛而著称。

所谓"通矢"指的就是日本弓道的射箭比赛。弓道起源于中国，中国古人把学习六艺看成君子的修养。即：礼、乐、射、御、数、书。射，就是射箭。当代弓道甚至是日本成人式的一种。

　　为何日本人会保持冷兵器时代的弓道传统呢？原来自江户时代以来承平日久，武士阶层已经很难再通过战功晋升。无仗可打，却又身怀武艺的武士之间就兴起了另一种形式的较量。这就是江户时期著名的通矢大赛。其中最知名的比赛地是在京都三十三间堂举行的通矢大赛，也称之为堂射。可以说，现代日本弓道是从江户时期的堂射开始成型的。

　　弓道属于安静的运动，没有对手，是自己与自己的较量。弓道不是简单地拉弓射箭，特别注重礼节与礼仪的训练。练习弓道首先要心静，摒弃杂念。习射不只是为了掌握和提高射术，更重要的是为了提升人格品位。这样，才能完成从"术"到"道"的升华。正如弓道格言所说："无论是一千支箭还是一万支箭，每一支都应该是一次全新的发射！"类似于茶道中的"一期一会"。

　　如同许多的日本传统文化一样，在弓道中也可以找到很多中国文化的痕迹。比如练习弓道时所使用的稻草靶，由草席卷制而成，这是受了明代中国射学家高颖的《射学正宗》的影响。日本弓道练习者多对其中的《妄射稿砧之惑》的典故耳熟能详。许多弓道场的射靶中间，总是写有一个"鹄"字，这无疑来自孔子所说："射有似乎君子，失诸正鹄，反求诸其身。"这里的"正鹄"就是射箭用的靶子。

在弓矢技术的层面，来自中国的合成弓制作技术传到日本，竹木合成的强弓，增大了力度，扩大了射程。武家对弓矢的重视，更偏向于实战和军事训练。跨入中世纪，温良恭俭让的"文射"被武勇的"武射"所取代，仁义之弓让位于戎马之弓。

堂射大赛的规则颇为复杂。射手从位于南面的沿廊，向最北端的一个靶布射去，距离大约为 120 米。在此期间，射手射出的总箭数和射中的总箭数都会被记录下来，中靶被称为"射通"，这也是"通矢"这个名称的由来。这个比赛非常考验射手的耐力和准确度。如果在规定时间内射出了很多箭，但准头太差肯定会输。如果准确度很高，但射出箭数少也不算赢。

根据文献记载，堂射著名人物之一德川御三家尾张藩的星野勘左卫门，在宽文九年（1669）达成 8000 箭的纪录。当时使用的弓拉重大约为 20 公斤，箭重大约为 14—16 克。后来，总和尾张藩较劲的纪伊藩主（也属于御三家）央求葛西再去比赛一次，葛西推托年纪太大要隐退，推荐了和佐大八郎。最后此人以 8133 箭位列第一，从此再无人打破纪录。

如今源自中国的射礼，转化为日本弓道而走向世界。欧根·贺里吉尔的《日本射箭艺术中的禅学》一书，将弓道介绍到了西方。书中写道："弓道无疑是一种很美的运动。它美，不仅因为它表现出一种独特的东方韵味，同时，还显现出来一种求'真'的专一与执着，一种坚持不懈而沉稳绵延的力量感，这对每一个现代人都具有吸引力。"

观三十三间堂通矢，拉弓射箭的姿态实在很帅。原本用于战场的射术，而今已然变成健身修心的"君子箭"了。

大德寺黄梅院

大德寺，因在日本历史上的尊崇地位而号称京都洛北名刹。

这所建于公元 1325 年的临济宗寺院，不仅是日本禅宗文化中心之一，且以茶道文化而闻名。著名的一休和尚在 80 岁时任大德寺的住持。丰臣秀吉甚至在寺内举行织田信长的葬礼。花园天皇曾撰文称其为："大德禅寺者，特秉曹溪之正脉，专煽少林之遗风……"后醍醐天皇更称其为："本朝无双之禅院。"不仅历代天皇，织田信长、丰臣秀吉、千利休等将相名流皆对此地情有独钟。南宋牧溪的观音图、狩野探幽的天井龙、大仙院的庭院、千利休的金毛阁等名物不胜枚举。真是当之无愧的"无双之禅院"。

虽每天都从寺中穿过，可也不敢说对其了如指掌。寺内的 21 座独立塔头禅院并非每日开放，能否一探究竟全靠运气。

黄梅院的发源离不开一代枭雄织田信长。1562 年只有 28 岁的织田信长首次来到京都，为亡父信秀祈祷冥福建造了小庵"黄梅庵"。本能寺之变后，丰臣秀吉接手过来进行扩建，并在 1589 年改名为"黄梅院"。

黄梅院并非因为寺中种满了黄梅。据我考证其命名是因为，中国禅宗第四祖道信大师的道场建于湖北黄梅县破头山中，他曾在唐武德七年（624）在那里建立了中国禅宗第一所寺院。再加上五祖弘忍也曾迁居湖北蕲州黄梅修行而得名。黄梅院中极简的枯山水方丈之庭，便被称为"破头庭"。

雨中穿过布满青苔的曲折小径入寺，更显出一份深不可测的幽深。在千利休晚年受丰臣秀吉之命所设计的"直中庭"前小坐听雨，未及打坐却已入禅。直中庭的池塘是被设计成丰臣秀吉的军旗"千成瓢箪"的空池，看来千利休还是熟谙秀吉的心理。道听途说的历史并不可靠，书本之外还需从实物里体察历史的微妙。

黄梅院中枯山水庭院虽不及附近大仙院有名，却也精妙足可发呆享半日闲。在京都游寺，反倒多半是冲着庭院。武野绍鸥喜爱的茶室"昨梦轩"外三两朵牡丹盛开，正因为是少数而不成片，混在这满眼的绿色里更显雅致。深呼吸，扑鼻的植物气味中分明是初夏的味道。

京都兔子神社

　　崇尚万物有灵的日本，神社里祭祀的神千奇百怪，其中就有许多以动物为主题的神社。比如：上贺茂神社的神使是白马，北野天满宫是牛，平野神社是松鼠，两足院是老虎，日吉大社是猴子，春日大社是鹿，还有各地稻荷神社供奉的狐狸。如果你对京都人提起兔子神社，那一定指的是东山的冈崎神社。

　　一直以来，日本的传统工艺品的装饰图案中总是出现形态各异的兔子形象，这可不仅仅是因为可爱。

　　自古以来以中国为首的东亚世界皆以兔子象征月亮，乌鸦象征太阳。日本受唐代文化影响很大，嫦娥传说也传入日本，于是玉兔也跟着来到了岛国。日本古代的《今昔物语》也有关于舍身行善的兔子的传说，故事大意是：兔、猴、狐三只动物想入菩萨道成佛，借以摆脱轮回之苦，于是发善愿行善事。三十三天的神明帝释天为了测试它们的诚心，于是化身成饥饿病弱的老人，请兔、猴、狐三只动物为老人寻找食物。猴子身手矫健的，立刻到树上摘下果实，又找来各种蔬果杂粮。狐则跑到人们居住的村庄，在神社与墓地找到饭团、鲣鱼干等供奉的祭品，拿给老人食用。如此两天，老人已经吃饱恢复气色。可唯独兔子找不到任何食物给老人吃。兔子心想，我柔弱的身体进入山野丛林恐怕被野兽所吞，进入村庄也不是人类的对手，可是我也想要行菩萨道，于是对老人说"请稍等，我为你找来食物"。于是找来木柴生起了火，跳入火中，让自己的肉身成为老人的食物，帝释天深受感动，立即把火烬中的兔子身形映射到月亮之上，让众生都能看到舍身为人行菩萨道的月兔。

冈崎神社的历史相当久远，在桓武天皇于794年迁都平安京时在四方建立神社护卫，东方也就是卯之方，卯在地支里对应的正是兔。所以在这神社里面正好供奉兔子。因为兔子是多产的代表，据说成年兔一胎可生6—8胎之多，所以就被奉为求子之神，这里也就成了京都很有名的求子、安产还有缘结的神社。

冈崎神社最特别的是水手舍里的黑兔，跟一般水手舍不一样的地方是，冈崎神社的水手舍不是为洗手，而是要舀起来后淋在黑兔身上祈福。想要求宝宝的人可以摸摸黑兔子的肚子，就会获得神明的保佑顺利怀胎或是生产，听说相当灵验。

冈崎神社十分地安静惬意，院里有一棵垂樱很有情调。我虽不求子嗣和姻缘，但作为属兔之人，还是很偏爱这所可爱的兔子神社。

冈崎神社

五山之首
天龙寺

京都岚山的天龙寺，作为世界文化遗产贵为京都五山之首。由于是到岚山旅游必经之地，已算不上什么京都秘境。但恐怕大多数游人到此，除了感叹其庭院美景之外，对这所临济宗的寺院也并无过多认识。可正是这天龙寺不仅大有故事且和中国很有渊源。

故事还得从日本室町时代的创建者足利尊氏说起。话说灭掉了镰仓幕府的足利尊氏并未从朝廷得到应有的封赏，因为当时在位的后醍醐天皇可称得上是位信奉"朱子学"的高级知识分子。他特别推崇儒家的"大意名分"的思想，因此推翻武家统治就成了他的终身奋斗目标。建立不世之功的足利高氏除了从天皇那里除了领受了一个"尊"字和空头支票外，并未获得征夷大将军的封号。于是足利尊氏另立天子，旁系持明院统的光明天皇即位。光明天皇登基便册封足利为征夷大将军，室町幕府建立。但后醍醐天皇不甘寂寞，逃出后持着天皇象征的三大神器退往大和（今奈良县）的吉野另立朝廷是为南朝，至此日本历史上的南北朝终于形成。但剧情的发展十分狗血，后醍醐天皇死后，足利尊氏竟然一度投降了南朝，但南朝最终还是向北朝投降。难怪司马辽太郎感慨道："日本的历史上唯有军国的昭和和丑恶的南北朝简直无法下笔。"

1339 年，足利尊氏害怕已去世的后醍醐天皇怨灵作祟，于是在国师梦窗疏石的建议下，营建天龙寺，前后用了七年时间。但苦于经费问题，于是便有了中日贸易史上有名的"天龙寺船"，即幕府通过与当时中国元朝的贸易积累建设资金。由此可见，没有对中贸易便不会有天龙寺。

梦窗疏石亲手打造了天龙寺的庭院，从庭中的"曹源池"望出，借景龟山与岚山的风光，池水对面的假山，石组远近高低错落分布，伴着流水飞瀑。这便是被后世称为经典设计的"池泉洄游式庭院"，这样的庭院简直就是"元四家"的山水画卷。美是一种和谐的感觉，可以超越现实连接真理。天龙寺的庭院便是这样的悟道之口。

晚年的足利尊氏，笃信梦窗疏石的佛法教导，常来天龙寺拜访。当他坐在宁静优美的方丈廊下欣赏这美丽庭院时，心中是怎样的景象呢？想必天下无敌之人内心更是无限的孤独。梦窗疏石曾说道："山水无得失，得失在人心。"

东福寺之宝

京都站东南方的东福寺，建于 1236 年，历经十九年完工，属于临济宗寺院。因从奈良东大寺与兴福寺各取一字而得名。开山祖师圆尔辨圆作为前往宋国的求法的僧人，师从南宋禅林宗师无准师范，带回了上千卷宋版经卷并从中国引入了日本静冈茶的茶种。

然而，作为京都三大禅宗寺院的东福寺，真正的名物却既非那些宋版经卷，也非闻名于世的红叶。

当游客步入东福寺巨大的山门时，便会注意到位于左侧的那幢"切妻造"（形如书本翻开倒扣的样子）禅宗建筑。会让人误以为是禅房，一边牌子上写着"东司"二字。那么何为"东司"呢？

原来，过去把位于禅堂东侧的厕所称为"东司"，位于西侧的则称为"西净"。谁承想这里竟是日本存世最古老的室町时代的厕所。

据说室町时代的禅寺把如厕也看成重要的修行，所以连上厕所也有严格的流程。僧房、浴室与厕所被称为"三默道场"，因此如厕时首先严禁谈笑，然后僧人脱去袈裟，整齐叠好。对着厕所的守护神"不净金刚"行礼如仪，才可开始办大事儿，完事儿后还要洗手三遍。上个厕所实在不易。这样的东司一次最多可容纳百名僧人如厕，因彼此间没有隔间，毫无隐私可言，故东司也被称为"百雪隐"。

东福寺历史上经历过数次火灾，神奇的是唯有这个东司一直保存了下来，颇受佛祖眷顾。直至近代光荣引退，最后作为国宝而保存下来。

寺院塔头秀岭禅师说：过去，东福寺之粪竟成了京都农家争抢的肥料，培植出的京野菜也成了贵族公卿餐桌上的抢手货，真正是做到了五谷轮回。

室町时代的厕所如今成了东福寺镇寺之宝。虽然东福寺境内景色绝佳，随后逛了塔头观了枯山水，可大脑中仍挥之不去那个被称为"东司"的国宝厕所。闭目遐想，当年百名僧人一起如厕的盛况，忍俊不禁。

　　唐招提寺远离奈良市区。因寺名与鉴真大师之故而独生一份亲近感。古朴山门上书王羲之字体的唐招提寺字样，望之心生敬畏。作为日本律宗总本山，以大唐命名之寺院，日本仅此一家。

　　大佛殿后沿御影堂边上的小径走去，一处低矮土墙围绕的院落中，布满苔藓，渡一处小桥，便是鉴真大师墓地。墓前是曾经的总理赵紫阳手植的从鉴真家乡移栽的琼花。围舍利塔走上一周以表敬意，思忖为何晚年眼盲的鉴真要执意东渡？身在异国的他是否在最后的时刻也曾思念过故国的山川？种种机缘自不是如我般凡俗之人所能参透。

　　日本作家井上靖的小说称鉴真为"天平之甍"，读来引人入胜。那种素朴而低回的叙述方式，有如日本寺庙泛着草色的矮屋顶，不夺人耳目，看久了却会动容。为了到日本传法，鉴真东渡花费了十二年时间，矢志不渝，到奈良时双目俱已失明。除佛教外，他对整个天平文化也产生了无可估量的影响。可谓日本文化的恩人。

光影斑驳的寺院仿佛静止在时空之中，相比于国内被现代工艺拼凑出的寺院，这里更符合我关于大唐禅林的想象。难怪享誉国际的日本画家东山魁夷生前极爱此地，他专为御影堂画了有关中国山水的六十八幅屏障壁画。可惜一年仅开放三次，今日无缘得见。见与不见，再好的笔意也刻画不出鉴真大师的慈悲心怀。佛对须菩提道："凡所有相皆是虚妄，若见诸相非相，即见如来。"

鉴真大师圆寂前曾道："山川异域，风月同天。寄诸佛子，共结来缘。"佛教文化兴盛的时代高僧辈出，也不乏东渡传法者，但身后一千二百年香火不断受岛国尊崇的只有鉴真一人。他的事迹在今天仍被写入日本的教科书而传喻后人。

奈良西大寺

　　兴建于公元 765 年的奈良西大寺，作为真言律宗的总本山，略显破败萧条。难以想象在奈良时代它可是与东大寺齐名的壮丽伽蓝。自称以僧人身份治理国家的称德天皇敕建此寺，谁承想自建成始便多次遭遇火灾又多次重建。创立时的建筑几乎全毁，现存的重要文化遗产本堂、爱染堂、四王堂等都已是江户时期的建筑。如今能使西大寺得已闻名的反倒是镰仓时代由叡尊和尚开创，如今每年举行的"大茶盛（一种施茶仪式）"。

　　奈良曾在公元 710—794 年期间（唐景龙四年至贞元十年）作为日本的首都，形成了元兴寺、法隆寺、大安寺、兴福寺、药师寺、东大寺、西大寺等著名寺院，史称"奈良七大寺"或"南都七大寺"。从唐回到日本的求学僧人多在这些寺庙活动，形成了许多日本佛教宗派的祖庭（本山），同时又认定大唐长安的相关寺庙为其中国祖庭。"祖庭"一词的本意是祭奠于祖庙之中庭，现今可考的最早文献记录见于《礼记·檀弓上》，原文是："祖于庭，葬于墓。"在日本，类似于中国佛教的祖庭概念的有"本山""大本山""总本山""根本道场"等说法。来中国学法最有名的留学僧有最澄、空海、宗睿、惠运、圆行、常晓、圆仁、圆珍等八人被称为"入唐八家"。

西大寺开山法师常腾的师傅就曾经入唐留学二十年，师承玄奘的三传弟子，慈恩宗的智周学习，历史上这里名僧辈出。据说鼎盛时期的寺庙占地面积达三十一町（约三百零八公顷），如今站在西大寺中也只好凭空想象一下千年前的盛况。

长冈京，作为迁都平安京以前的古都，其名声早已被京都的大名所掩盖。且京都大小的寺已是风格各异，怕是少有游客要去长冈京这样的地方访寺寻古。

国内来客总向我提及要去一处鲜为人知且人文景致俱佳之处的要求。虽也总说"随本人出游的规则之一便是毫无计划，随处而安"，却也常为"日久无风景"而犯难，忽地就想到了曾经在 Sony 电器广告片中出现过的长冈京光明寺。

光明寺是西山净土宗总本山，山号"报国山"，本尊阿弥陀如来，别称"粟生光明寺"，创建于 12 世纪末期。据说净土宗创始人法然上人曾在此传授"念佛"的教义。国内旅游攻略中虽多不提及，但在京都人心中，却是洛西有名的赏红叶名所。

一入山门，便被映入眼帘的参道所吸引，斑驳的石阶一路向上延伸仿佛至无穷尽。两旁枝叶也已微红泛黄，红绿相间掩映在空无一人的石阶之上更显沧桑久远。不禁庆幸今日到此，尽管只是赏"半红叶"，但若到漫山红透之时，游人俱至，哪还容得下这份悠闲从容？不愿再往上登，走到这里便不算枉来。邀客人在石阶坐下，只需静静观赏，言多了倒显得俗套。在京都，入寺院后随一处的缄默静坐仿佛是佛家与凡人之间的一项默契。无论是面对枯山水、洄游庭院、障壁画还是红叶樱花，非如此你便欣赏不懂这"诧寂"之美。

　　随口对客人诌道："此处是京都最美参道。"客人中数位也都是常来京都的熟客，怎想竟博得一片赞同。归程中，心中仍惦记着那条石阶参道。心想着等红叶最透之季的某个午后，最好带上茶具，仍要来此坐坐。

　　东京的神社多狭小而寒酸，无论寺庙还是神社，其大本营都在京都。贵船神社位于鞍马山脚下，相传神武天皇的母亲玉依姬乘坐黄船来到此地，因"黄船"发音近似于"贵船"而得名。作为京都最古老的神社之一，因掌握着京都水源命脉的鸭川源头，贵船神社的神明便成了京都的水神。此处也是日本四百五十多处贵船神社的总社，打平安京建立起就得到朝廷的尊崇。

　　这里供奉的"高龙神"与"闇龙神"，分别掌管着降雨与止雨。过去如果京都地区长期干旱，便会向神社供奉黑马。反之，则供奉白马。随后这个习俗慢慢转变成了今天遍及日本大小神社的"绘马"风俗，人们把心愿写在木牌上呈现给神灵。

　　也因祭祀"水神"的缘故，贵船神社的占卜也与水有关。首先向社物所奉纳两百日元"水占"费用，然后从成沓的卦纸中挑选一张放入一边的水池中，约莫二三十秒后，卦纸上便会浮现出字迹，仿佛神迹般告知你的命运。据说水占的准确率奇高，由于沾水的卦纸无法带走，因此还在卦纸上提供了二维码可供扫描，这样便可随时查看，真可谓贴心的设计。

除此之外，贵船神社还是爱侣们祈求爱情的灵地。室町时代曾流传这样的一个传说：一个贵族的公子爱上了一个鬼国公主，自然这种跨物种之恋难成正果，但二人历尽艰辛之后，因信奉这里的"贵船大明神"，最终结为夫妻过上了幸福的生活。据说就连日本平安时期的女诗人和泉式部，也曾到此祈祷挽回丈夫的心而如愿。

日语里"贵船（kibune）"发音同"气生根"，意为运气发生的源头。更何况这一带山明水紫，景色宜人，透着一股灵气。就连敬鬼神而远之的人到此，也禁不住水占一卦。

贵船神社

因名妓而闻名的寺院

京都洛北有一处被称为鹰峰三景（源光庵、光悦寺、常照寺）的地带，古代这里曾是狩猎场，直到17世纪初德川家康将此处赏赐给精通书法、茶道、陶艺的艺术家本阿弥光悦，这里便发展成艺术家聚集的村落。平时由于游客罕至，倒是适合赏春樱与秋枫的绝佳之处。

常照寺由日莲宗僧人日干上人建立而成，公元1627年起将此处作为僧人学习之用。寺院山门上写着"吉野门"三字，说来这个典故和京都历史上的一代名妓有关。

话说京都花街岛原，曾有一位著名艺伎"吉野太夫"，因色艺双绝倾倒无数风流。日本游廊中最高等级的艺伎被称为"太夫"，不但要姿容秀美，还要具备知性与教养，琴棋书画之外还要精通弈棋、茶道、花道、香道……最重要的是还需有性的魅力，也就是所谓的"花魁"。培养一名太夫非常不容易，要从有资质的小女孩中挑选，从小接受严格的教育。太夫不能随便接客,一旦接客,便与对方一直维持一夫一妻形态,直到双方切断关系。即使是今天,见一次太夫的花费大概在 160 万日元,真不是一般人能"玩"的游戏。难怪必须有"中介担保"太夫才肯赏脸见一面。

日本历史上最有名的太夫大概就是吉野太夫,"吉野太夫"不是只一个人,而是一个称号,延续了十几代,其中要数第二代最有名。

第二代吉野太夫生于 1606 年,十四岁时就当上了太夫。她本来出身武士家庭,七岁时被卖到京都游廓。这在当时是很常见的,身份卑微的武士,经济情况都相当惨淡,又不能转行从商或是去当短工,只好卖女儿。当然,女儿须长得标致才行。

据说,当时京都有个刀匠学徒,与太夫有了一面之缘后,便心生暗恋。终于靠努力工作攒足了钱财,却因身份低微,无法偿愿。太夫听闻后,被此人诚心打动,便悄悄唤来委身于对方。结果这个小徒弟竟然在了却夙愿后,第二天跳到桂川自杀身亡了。

这并非孤例,还曾有仙台藩伊达家第五代家督,因为迷上吉野太夫而放弃家督之位,真就是爱美人胜过爱江山。

这位吉野太夫的魅力甚至打动了当时的关白（辅助天皇执政的最高位官吏）近卫信寻，他不惜自降身价与富商灰屋绍益争夺赎身权，结果富商取胜，迎娶太夫当正房。吉野太夫二十六岁就离开烟花巷当上阔太太。可惜红颜薄命，三十八岁就香消玉殒，死后便葬于常照寺后方，主要因她生前是日莲宗信徒，并且捐赠所有财产予寺院。

　　从此，每逢4月第二个礼拜天。常照寺会举办"吉野太夫花祭"，由京都岛原太夫表演"太夫道中"（一种游行），并于露天茶筵中点茶。太夫出行可谓是"场面奢华，前呼后拥"，穿着笨重的三枚齿下驮（木屐底分成3段因此被称为三齿木屐）用独特的外八字步法慢慢向前挪动，普通人走10分钟的路程，太夫得花上1个多小时。据说要走好这种毫无效率的步法得练上3年！京都人用这种美丽而奢华的方式来纪念这一代红颜。

　　幽深僻静的常照寺吉野太夫墓前，草木繁盛，林荫蔽日。不禁使人想起那首《卜算子》的宋词："不是爱风尘，似被前身误。花落花开自有时，总赖东君主。去也终须去。住也如何住。若得山花插满头，莫问奴归处。"

鹰峰三景 源光庵

京都的鹰峰三景中，最适合坐禅发呆的地方还要数源光庵。源光庵始建于 1346 年，原是为临济宗大德寺住持彻翁义亨修建的隐居之地，1694 年改为曹洞宗的寺院。

该寺因为本堂中的"桃山血天井"而闻名，这个天井是武士道忠魂的象征。故事发生在 1600 年著名的关原之战，德川家康（1543—1598）命家臣鸟居元忠守护伏见城，死守多日最终寡不敌众，武士们遂在城破之日集体剖腹自尽。他们的鲜血与沾血的手印留在了伏见城的地板上。后来伏见城被拆毁，为了纪念他们的忠勇，源光庵本堂的天井便使用伏见城中拆卸下来的地板制成。今天到寺中游玩，站在本堂抬头看仍能隐约看到房椽上血迹斑斑的掌纹。拜佛的殿堂竟然用如此血腥之物做建材，不禁令人心中一凛。

但源光庵真正使人慕名而来的原因却并非"血天井"，而是同样位于本堂中的两扇不同形状的木窗。左侧的圆窗叫"顿悟之窗",代表禅、智慧和整个宇宙世界。右面的正方形窗叫"迷惘之窗",代表人间世界的执迷不悟、逃脱不掉的生老病死即佛教所说的"四苦"。这颇有禅意的设计让每一个来这里的人都可以静下心来欣赏这里的美景,思考人生。本堂的庭院借景京都北山,四季变换景色更迭,不同的内心照见不同的娑婆世界。

佛陀与杀戮? 顿悟或是迷惘? 源光庵似乎调和了人世的所有对立面,为前来参观的人们心中留下禅之追问。

金戒光明寺

　　爱极了真如堂的幽静，说是一个人的寺庙毫不夸张，也正因为这份游人罕至的寂静，寺庙更显古朴。国内的古城虽也不乏古寺，可透过古老门阙望出的景致却早已是淹没在一片现代之中。从真如堂围墙向外眺望，白云低垂下的吉田山葱郁环翠，真不知已是隔了几个世纪。

　　步出真如堂山门左转百步便是金戒光明寺。此处为净土宗本山，据说是开山宗祖法然上人在比叡山顶的石头上念经时，看到紫云全山照耀在一片光明之中而得名。又因此寺坐落于黑谷之中，故被本地人称为"黑谷先生"。

　　依然是幽静的禅林古刹，可谁承想此处曾是守卫京都的军事要塞，个中缘由还要回溯到 1862 年的幕末时期。当时的德川幕府为了守护京都设立了守护职，由会津番主松平容保担任，此后这里便有千名会津番士驻守于此。

那么为何会将守护大本营设于寺庙呢？原来金戒光明寺的构造，早在德川家康起便深谋远虑地按照要塞而设计，目的就是在动乱爆发时能快速部署兵力。且此处距离二条城仅两公里左右，距离东海道起点的三条大桥也仅 1.5 公里。据说古代骑马五分钟或跑步十五分钟便可到达要冲。

到了 1868 年，驻扎于此地的会津武士们终于有了用武之地。在该年爆发的倒幕之战中，伏见·鸟羽一役 352 名会津武士便葬身于此。时代潮流不可逆驳，会津武士们以他们最后的武勇谱写了幕府的挽歌。令人想起电影《最后的武士》中，武士们骑马挥刀冲向倒幕军队炮火的场景。

如今他们都埋骨于金戒光明寺的墓地中而受到世代供养。就像西乡隆盛，虽然是有悖时代的悲剧英雄，却也因此而青史留名。

唐代皇家庭院

2012 年 9 月 25 日，侯孝贤的《聂隐娘》剧组在台北举行开镜仪式，在此之前该剧已经筹拍了七年。我在京都的朋友电影人李佳曾参与了影片的筹备与拍摄，经他吐槽当时剧组的共识是要拍出一部唐代的刺客传奇，必须在日本取景。而京都最能够还原出理想中的"唐朝"，片中约有十五场左右的场景借用京都的大觉寺、高台寺、东福寺、平安神宫等处。

何以大觉寺能代表唐风建筑呢？我们且从 1200 年前的日本平安时代娓娓道来。

京都西部的嵯峨野，因山水相依的旖旎风光，自古就是天皇与贵族的出游地。但细数日本的历史，最爱嵯峨野的恐怕首推平安时代初期的嵯峨天皇。他在这里建造了嵯峨院离宫，甚至在此处理朝政。醉心于中国文化的嵯峨天皇，或许是从自己的书法老师空海和尚那里听闻了大唐的繁盛，于是决心借鉴长安大明宫的式样修建嵯峨院离宫。

嵯峨离宫内的庭院尤为考究，其中最值得称道的便是"大泽池"。其规模之大绕其一圈竟有一公里之广阔，被称为日本最古老的庭池。庭池中有天神岛、菊之岛与庭湖石，与大觉寺相映成景。

据说大泽池模仿自中国的洞庭湖景观，借鉴了中国绘画的"潇湘八景"模式。可所谓的"潇湘八景"的说法直到11世纪后才出现，而嵯峨离宫却建于9世纪，以上的说法似乎不足为信。实际上，作为中国唐代皇宫的大明宫，其特色之一便是其中央部分曾建有宽广的庭院，并拥有被称为"太液池"的庭池。考古发掘证明"太液池"一周约四公里，池中也有二岛浮现。由此看来，大泽池真可算是太液池的缩小版。

这位嵯峨天皇，风雅不输中国帝王。其书法称为日本历史上的"天下三笔（另两人是空海和橘逸势）"。其汉诗也作得好，如："云气湿衣知岫近，泉声惊寝觉溪临。天边孤月乘流疾，山里饥猿到晓啼。"他在位时大力推行"唐化"，从礼仪、服饰、殿堂建筑一直到生活方式都模仿大唐，还提倡佛教的传扬，天台宗与真言宗得以发展、传播。因此，他死后嵯峨院离宫成了真言宗大觉寺派的本山。

大觉寺内有三大神圣空间，分别是中心部的心经殿（御影堂），西侧的宸殿与东侧的五大堂，以回廊相连，景致优美。这种正三角形的设计分别代表了天皇、国家和宗教（密教），寓意只有此三者紧密结合才能国泰民安。值得一提的是宸殿、客殿的隔扇、拉门上描绘的238幅绚丽豪华的障壁画，真不愧是皇家的离宫。

大觉寺的故事远非如此。来京都的游客们总嚷嚷着要来寻觅唐朝，怎可错过大觉寺。

京都『五台山』

提起"五台山"，熟读金庸小说的人应该不会陌生，因为《鹿鼎记》中写道：顺治皇帝就是在山西的五台山清凉寺出家。而京都人所指的五台山是位于岚山的净土宗寺院清凉寺。

京都清凉寺开基（创立者）为奝然，开山（初代住持）为其弟子盛算。别称"嵯峨释迦堂"，因收藏有国宝木造释迦如来立像而为人所熟知。《宋史·日本传》不惜笔墨地用一千多字记录了这位奝然和尚。当有宋人问奝然来华目的时，他回答道："为求法不来，为修行即来也。"而当时日本佛教徒最向往的修行圣地是五台山。因此他谒见宋太宗时，即当面要求朝拜五台山，获得朝廷批准后，奝然一行在巡礼了汴京大小寺院后，如愿参拜五台山。

奝然从中国带回的物品中最珍贵的就是至今仍保存在京都嵯峨清凉寺内的旃檀释迦像，现已被定为日本国宝。这尊像是白檀香木精工细雕，高 5.35 尺，相传与释迦牟尼身高相同，栩栩如生。据说这尊具有印度风格的佛像原型本是从印度经西域传来，前秦苻坚征服西域龟兹时带回，为中国历代皇帝珍藏，宋太宗时甚至迎入宫内滋福殿。奝然入宋参拜后非常仰慕，迫切希望仿造一尊带回，便请当时中国雕刻名匠张延皎仿刻一尊携回日本，置于清凉寺，引起日本佛教界轰动。唐招提寺、西大寺等寺庙都派人前去模刻。日本佛教美术史界称之为"清凉寺式"。

此佛像不仅雕刻工艺独具一格，而且佛体内封存有大量文物，其中许多都是宋代僧侣和善男信女施舍的。经奝然于 985 年 8 月 18 日在台州封存，一直到后来修理佛像时才发现。其中一副绢制的人体五脏模型，是台州"妙善寺尼清晓、省荣等舍佛的"。这副模型五脏颜色各不相同，在一千多年前解剖学尚未发展的宋代实为罕见，对研究古代东洋医学有重要价值。在佛体内还发现装有秋罗、纱、文罗、绫等许多不同种类的绢片，对于研究北宋时代纺织品也很有价值。奝然还带回了一幅十六罗汉画，现藏清凉寺，这是最早传入日本的罗汉画。据说在京都清凉寺殿堂奠基时，奝然还把从中国五台山带回的泥土奠入地基。可见他对中国五台山的崇敬。

寺中大殿边上有一处墓碑，这里埋葬着丰臣秀吉之子丰臣秀赖的首级。以及作为 1615 年大阪夏之阵的慰灵碑。想想丰臣一族兴衰，不禁感慨。

一处写着"一切经藏"的藏经阁处，所立雕像远观竟像极了中国古代的道教人物。好奇之下入近处探访，竟然是被称为中国维摩禅祖师的梁朝善慧大士傅翕。没想到他所创转轮藏法门，至今在岛国尚存。宋代李诫撰《营造法式》曾有介绍。转轮藏于镰仓时期传入日本，后世凡有造立轮藏的地方，皆设置傅大士像，像两侧塑二童子，称为笑佛。乃傅大士的两个儿子，左边为傅普建，右边为傅普成。

南怀瑾先生说："傅大士以道冠、僧服、儒履的表相，表示中国禅的法相，是以儒行为基，道学为首，佛学为中心的真正精神。"

清凉寺充满了典故，却也仅仅是京都古刹中的沧海一粟。不到京都便无从知晓，逝去的时代里，灿烂的中华文明曾一度对日本文化产生过巨大影响。

　　宇治万福寺，除了因明代隐元禅师自福建东渡传来黄檗宗之外，更以日本煎茶道发源地而闻名。中国茶的古典品饮形式自唐宋由日僧带回演变为日本茶道（抹茶）以来，至明末再次以文人茶（叶茶）的形式影响日本，而发展出流行于江户时代的煎茶道。

　　中国自古茶人多是文人名士，尤其到了晚明社会，彼时以苏州为中心的地区经济发达，以沈周、文徵明等吴派四大家以及徐渭等文人为代表开创了"文士茶"的新局面，他们在品茶的同时追求文人趣味，强调饮茶时的自然环境同时营造审美情趣。这种现象在传世的明代画作中可以得到佐证，譬如文徵明不但多以饮茶为主题作画且一生所作茶诗近一百五十多首。饮茶成了明代文士的重要修养之一，对茶品、水质、茶器、环境以及谈吐品位都有极高要求。

　　这一风尚通过日本与大明的勘合贸易，经长崎流入日本，受到从幕府到文化阶层的追捧。经考证，日本历史上第一次文人茶会应该是隐元禅师 1672 年 12 月 8 日在万福寺举办的"雪中煮茶之会"。

观万福寺煎茶大会，众多煎茶流派从形式到内容早已脱离中国明代文人茶潇洒考究的文人趣味，而陷入日本茶道那种烦琐的规格意识。看今天日本之煎茶道更像是大碗换成小盏的日本抹茶道的另类形式，反倒与日本茶友聊聊字画以及历史旧闻更得雅趣。仰慕晚明文士风雅，京都之地仍愿与同好常饮一杯文人之茶。

我观日本茶道更像是日常生活中关于"礼"的培养。因此在茶道修习的过程中，其姿态、手法、流仪等等全是为了表现不充分的风姿，并由这种谦卑来体现孤寂人生。这种不充分恰如书画中的留白，抑或是音乐中的余韵。《茶道的历史》作者桑田忠亲说："日本艺术的着眼点，在于用东洋风的精神，表现不完全的形与姿。它来源于认为神佛是全能的，而人的世界是不完全的这一观念。"由此看来，诞生于 16 世纪的茶道即日本的美学革命，亦是日本人的最高精神追求。这种思想与中国文化亦有相通之处，茶圣陆羽便说过：茶是面向"俭德"之人的精神饮品。《易经·否卦》有云："君子以俭德辟难。"以精神抵御物质，二者相通。我们谈教育常说先培养人格而后是知识，也是这个道理。

日本式『花见』

　　京都的樱花突然就绽放，真就是宋词里写的那样："东风夜放花千树……"说到赏樱，日本人称为"花见"。沿岚山、平野神社、鸭川、二条城、圆山公园以及醍醐寺等等一路赏去，每一处的樱都有特色，除了赞叹外绝不会因这样的色调而审美疲劳。为何樱花竟与这古都如此地搭调。

　　与京都人聊天常有意外收获，打车出行，的士司机对我道："除了樱花，其他都不能算花。"早知日本人狂热爱樱花，可没承想却听到这样的话语。问他何以这样想，他答道："终于忍过了萧瑟冬季，盼来这满城的花海，这难道不值得赞美吗？"然而，我却以世俗的见识启发他道："樱花短暂盛开而后洒落，不正代表了武士的精神吗？"他却极不屑地答道："武士吗？在京都那只能算低等的人生，这里是千年都城，天皇、贵族与町众才懂得这里的风雅，区区武士还是留给江户人去自满吧。"瞧！这就是京都人的底气，也透着一种唯我独尊的"中华思想"。

以前在东京时，有朋友对我说："在日本除了东京其余都是乡下。"我颇认同京都人的想法："不到京都便等于没来过日本。"学者梅棹忠夫在《京都精神》中写道："日本颇少见，京都人心中潜藏着难以去掉的中华思想。所谓中华思想，就是以自己的文化为基准看世界的想法。也许化外之民对这种想法有时候要惊愕，有时甚至觉得很滑稽，但京都确实有这种思想传统。"

其实就连我这外人也固执地认为：赏樱还是要到京都来。

历史上最有名的两次花见，一次是公元812年3月28日，由嵯峨天皇召集的"花宴之节"，这被后世认为是日本真正的赏樱之始。另一次是1598年4月20日，丰臣秀吉在醍醐寺召集约1300人举办了盛大的"醍醐花见"。由此花见的饮宴习俗被岛国百姓所接纳。不过，花见习俗真正在民间兴起，还是拜江户幕府三代将军德川家光所赐，是他下令把奈良吉野山的樱花移植到上野，才使得东京人得以去上野公园赏花。

沿鸭川一路向北往贺茂川，樱花初现败象。随风洒落的樱花瓣下，却聚满了举家而出的赏花人群。中国式的赏花喜欢选在花开旺盛之际，而日本人的"花见"其实不是看花开而是赏花落。

镰仓时代的吉田兼好就曾在《徒然草》中写道："赏花何须花开，观月何待月圆。"在作者眼里，落樱和缺月才最美。因此欣赏随风散落的花瓣才是日本式"花见"的核心。花开花落恰似人生写照，从中体会世事无常。好物不长久，"花见"背后是对自然事物从诞生、成长到衰败的思考。这是一种独特的"物哀"审美的文化观。

　　落樱如雪，人生不过樱花一瓣，生死忽然。谁也躲不过时间的自然演进。读读历史上的风流人物，几人能够庄严而优雅地落幕？大多不如樱花。

赏樱花

京都紫阳花

　　京都的紫阳花丝毫不逊于关东的镰仓。作为六月的风物，其花朵虽大却丝毫没有艳俗感。说到赏花，最怕那种牡丹花或月季花节的人头攒动。想着寻一处僻静之处，脑中便浮现出"真如堂"三字来。紫阳花盛开在千年古寺，将是何等的诗意。

　　到真如堂却发现好像有法事，索性抛开正面参道取右边小径拾级而上，至本堂后面。放眼望去的沿坡道盛开的紫阳花簇，不同的品种混栽在一起，由浅蓝到深紫色的渐变而非混一色地开在一处，不禁为栽种者的审美暗暗称绝。正好游客也仅三两人，真就是"禅房花木深"了。

　　据说紫阳花之名还是得自日本人所崇敬的唐朝大诗人白乐天，他在诗句中写道：

何年植向仙坛上，早晚移栽到梵家。

虽在人间人不识，与君名作紫阳花。

并题注："招贤寺有山花一树，无人知名，色紫气香，芳丽可爱，颇类仙物，因以紫阳花名之。"诗中提到的招贤寺据考位于杭州，建于唐代的禅林，今已不存。但可以看出诗人眼中赏紫阳花最佳之处在古寺，有幸也算应了唐诗的景。

紫阳花最早出现在日本的古代诗歌总集《万叶集》中，那里有两首诗是有关紫阳花的，但是汉字用的是"味狭蓝""安治佐为"，而据日本平安时代（794—1158）编撰的日本最古老的汉和词典《新选字镜》里，汉字则写成"安豆佐为"。最早把此种花的汉字写成"紫阳花"的，是平安时代中期编撰的辞书《倭名类聚抄》。上面说："《白氏文集》律诗云：'紫阳花'，和名'安豆佐为'。"从此"紫阳花"这个名字就在日本一直传到今天。

但似乎中国却一直未使用白居易的"紫阳花"叫法。中国古代诗词和文章多用"绣球花"，清康熙四十七年（1708），朝廷命内阁学士汪灏等撰成一部花卉百科全书《广群芳谱》中也仍称绣球花。

但我还是喜爱"紫阳"之名，诗意之外还有几分仙风道骨，尤其混搭在京都这样的古朴色调里。说它是日本式的，可却充满了中华情趣。有些许欣慰的是，白乐天笔下的紫阳花仍盛开在京都的街巷。

京都酒话

　　不同的文明滋生不同的酒类，日本人爱饮酒且善于酿酒。《三国志·魏书·倭人传》中就有倭人爱饮酒的记载。男人为何爱饮酒，或许是因为只有通过酒醉才能使人轻易跨越现实的高墙，人类的宗教自古便认为酒使人通往神的世界。从这方面或许可以解释在现实中略显严肃的日本人精益求精的造酒动机。因此无论是从中国传来的清酒、东南亚传来的烧酎以及苏格兰传来的威士忌皆能登峰造极。譬如日本的威士忌早已成为被世界发烧友所追逐的高级品，以至于许多款如今在日本国内也难觅踪影。

　　惯常的认识是威士忌这样的蒸馏酒，从技术到工艺都属于西方原创，据说源自爱尔兰。有记载说最早的蒸馏器与阿拉伯人的炼金术有关，只是阿拉伯的蒸馏器不是用来造酒而是用来制造香水的。阿拉伯人通过贸易使蒸馏技术得以传播，从而有了世界各地的蒸馏酒。但这种说法却遭到写作了《中国科技史》的李约瑟的反对，他说："兴起于中国古代方士的炼丹术，影响到了阿拉伯人，然后是东罗马帝国人，最后是法兰克民族和拉丁民族。"因此阿拉伯炼金术来自中国。若依着他的看法，中国古代方士才是威士忌的最大贡献者。现在提起"丝绸之路"的历史只讲丝绸、陶瓷与茶叶，或许酒类的传播可以作为第四大产品吧。

　　日本清酒的起源，据说可追溯到中国南方的绍兴酒。难怪日本超市里总能买到黄酒花雕之类，看来这也算是日本酒鬼在口味上的寻根。别看岛国狭小，却拥有1500家的酒藏，大部分创业历史都在百年以上，因此喝清酒也算是在品饮历史。比起中国酒企，日本清酒的国际营销相当出色。国际酒类评比最高奖项 IWC 中竟有专门的清酒部门，2008年获奖，山形出羽樱酒造的"一路"甚至上了英国女王的餐桌。清酒不易保存，所以日本不像中国，并没有品饮窖藏老酒的习惯，这也颇符合日本文化里的"物哀"，真正是"饮在当下"了。清酒用器称为"德利"，很像中国隋唐时期流行的净瓶，或许真是遣唐使带回。置于桌上，犹如花瓶，十分雅致。一人一壶一杯，自斟自饮，边欣赏酒器边饮酒更多添一份乐趣。日本人饮酒重酒器，而具有三千年酿酒史的中国却渐渐摆脱了酒器审美。国内来人许多都说要体验日本的"禅"文化，怎奈"不立文字，以心传法"的禅，说来高大，可并非轻易所能领会。既如此，我却认为喝清酒可算是最落地的一种"禅"。清酒柔和、温软，冷热皆宜，酒器也做得美观而适用。无论男女，皆可共饮，杯光交斛里倒是真能照见几分真实的自己。无意间便成了清酒爱好者，比起国内各种昂贵的酒，我还是更喜欢清酒的亲民乡土气。记得出羽樱的仲美社长曾说:"酒藏的宗旨是重视家乡，一家之主也要参与酿酒，不造以稀有体现价值的虚幻之酒。"听罢此言，我便可以安心做个酒鬼。

　　岚山景色旖旎，渡月桥横桂川畔，两岸苍翠碧如许。宛若元四家山水画卷，真可谓京都第一等风光处。沿河川循山路拾级而上，有一处幽静雅致的二层楼院落，这里曾是有名的千鸟旅馆。文豪川端康成曾在此小住并写下小说《山の音》。如今此处已成为一位京都染织匠人的工作室，经朋友引见得以入内，屋内陈设古朴，凭窗阑可远眺大堰川。借文豪昔日座椅小坐，遥想当年川翁在此写作的场景。

　　二楼是染织工作室，主人名叫奥山佑斋，他的工作是恢复传统染织工艺黄栌染（こうろぜん）。"黄栌染"也许听起来比较陌生，可这种衣料却伴随着中国古代王朝的历史，非天子不能穿着，新旧唐书多次提到的"隋文帝喜服赭黄文绫袍"。到唐代因隋旧制，皇帝继续"以赭黄袍、巾带为常服"，这种用柘木或黄栌染出的赭黄，渐渐成为帝王专属。李时珍《本草纲目》"柘木条"中提及"其木染黄赤色，谓之柘黄，天子所服"。

模仿唐制的日本，自然也把这一中华古技学了回来，至今仍把赭黄色当作天皇的专属色彩。平安初弘仁十一年 (820)，嵯峨天皇以遣唐使菅原清公带回的唐制作为范本，颁布了改定天皇服饰的诏书，制定天皇大小诸会用"黄栌染衣"(《日本纪略》)。其衣色即为黄栌和苏木染出的赭黄色，这在日本也成为天皇之外的绝对禁色。1989 年明仁天皇即位时，使用的束带装束礼服，便是最隆重的"黄栌染御袍"。

有幸在风景如画的岚山欣赏到这一古老技艺，从那神秘的色彩中仿佛窥见大唐天子召见四方来朝时，遣唐使们的惊诧与羡慕。何止"黄栌染"，日本的风物里大多隐藏着唐宋的血液。

京都的厨房『锦』

位于四条通往北的一条东西向的窄路被称为锦小路。长约四百公尺的路两边，挤满了一百三十几家与吃相关的店铺，这里就是素有京都厨房之称的"锦市场"。从室町时代起这里便是京都著名的鱼市，本地人习惯称此处为"锦"。

锦小路这个名称倒是很符合京都的风雅，但在过去，这里的名称却十分令人反胃，明明是菜市场却被人称为"粪小路"。

原来平安时代的《宇治拾遗物语》记载了一段这样的故事。

一位叫清德的僧侣因母亲去世，自愿在山中绝食，祈愿母亲成佛。三年后下山由于实在太饿便拔地里的葱吃，别人见到后便煮了一石米供养，竟被他片刻吃完。闻听此事的右大臣藤原师辅，请他去吃饭。谁知后面跟了一群饿鬼、牲畜（凡人自然看不见）。于是十石的米饭一端上来，瞬间便没有了。清德步出宅邸，一路走向今天的锦小路一带。身后跟着的饿鬼、牲畜便一路拉粪，此后此地便被称为"粪小路"。

当时的天皇觉得这样的名称实在有失风雅，正好四条南侧有一条"绫小路"，为了对称便改为"锦小路"。传说毕竟难以令人信服。

比较靠谱的说法是锦小路一带曾经分布着许多贩卖"足具"（武士的甲胄）的店铺，因足具的发音（gusoku)与粪便（kuso)发音相似，便被误传为"粪小路"。直到1054年，后冷泉天皇才下旨正式更名为"锦小路"。

今天的锦小路已挤满了观光客，当看到大量的吃货在锦小路两边的店铺流着口水大嚼特咽时，想到"粪小路"的名称，实在令人忍俊不禁。

京都之味
京豆腐

　　京都的豆腐实在美味，除了南禅寺、岚山等处的京豆腐料理店外，豆腐作为最亲民的饮食而呈现于日本人的食桌。日本豆腐美名远播，乃至豆腐原产地的中国也一度出现了"日本豆腐"这道菜肴。

　　据说日本豆腐很早就从中国传到日本。起初因人们觉得"腐"字不吉利，而写作豆富或豆府。做豆腐传统是用卤水（氯化镁），日本也因四周是海而并不缺这种原料，其古代也一直沿袭这种传统的做法。直到后来中日间发生战争，一个京都做豆腐出身的鬼子兵，惊奇地发现中国人竟然是用石膏（硫酸钙）来做豆腐，并留心学习。在终于熬到日本战败后，他回乡便用这种技艺在京都嵯峨野开了一家京豆腐店，结果人气暴增，连文豪川端康成与司马辽太郎都曾光顾。

　　别看今天豆腐并非高大上的食材，可在江户时代，德川家康和第二代将军秀忠甚至禁止庶民擅自制作或食用豆腐。第三代将军家光甚至将豆腐列为奢侈品，他的早餐食案上几乎都是豆腐料理。直至江户时代中期，豆腐才逐渐登上庶民家庭的饭桌，不过，也仅限江户和京都、大阪等大城市的富裕家庭，京豆腐也曾有过显赫的身世。

日本各样的豆腐总令人眼花缭乱。简单如豆腐，也会被具有工匠精神的日本人做出各种品类。想来多少发源于中国的事物被岛国传承而发扬光大，譬如豆腐与禅宗。

京都吃茶

　　京都最宜午后吃茶。古人说："煎茶虽微清小雅。"最喜这样的饮茶方式，不嘈杂，亦不须开口事故，只是细啜慢品，落在清、闲二字里。文人茶求寡不求众，悠悠一盏，得片刻闲，茶在口中，神思天外，心境佳则茶好水好万般好。读明人笔记，古时茶聚，斯文讲品位，有性情而不失教养。脱口而出的话也都雅致有韵。今天日本人饮用煎茶的方式，建立在江户初期由隐元禅师传入日本明代瀹茶法的基础上。

　　"吃茶"一词虽来自中国，但中国却并未养成像日本那样的吃茶文化。反倒是西洋的咖啡文化渐渐占据着都市的主流，仅剩下一些可以喝到茶的地方也逐渐不再那么亲民。虽说是茶的发源地，可能让你平心静气、毫无负担的饮茶地寥寥。不像岛国，每日里人们须得有那么一刻扮相精致地去喝一杯讲究的茶。

　　京都街巷之中处处是老铺，动辄数百年历史，其一丝不苟的经营态度常令人感慨不已。譬如创业于1790年的老茶铺福寿园，居于闹市却秉持传统，茶教室、餐厅、茶道具贩卖、制茶体验融为一体。几层楼逛下来对日本抹茶、煎茶两道的脉络也能领略一二，真正做到了文化与经营之结合。店中泡茶学徒曾去中国学茶，拿出宇治煎茶为我冲泡，并告诉我道："一碗喉吻润，两碗破孤闷。"我听之会心一笑。

专做茶叶罐的老铺"开化堂"，创业已有一百四十年历史。"开化"二字带有明治维新的味道，据说明治八年(1875)，英国马口铁因在铁表面镀锡的工艺而成为时髦的舶来材料。江户时代一般用锡制的茶筒或陶壶储存茶叶，开化堂初代掌门人清辅萌生了用这种新型材料做茶筒的想法，遂创立开化堂，传至今天已是第六代。这里的每个茶叶罐都要经过一百三十道工序，由于用来储存茶或咖啡的密封性好，已是闻名世界的产品。我本人虽然仍是喜欢过去老锡制茶叶罐的那份质感，可也仍被这份匠心打动。

京都食景

日式的饭菜被冠以料理之名，总会令人觉得缺少烟火气。据说所谓"料理"便是"料想"并合乎"道理"之意。在京都，时间走得很慢。或许只有在这样的地方才配去慢慢品味美食。2013 年，"和食"被列入世界文化遗产名录，这也充分说明了世界对日本料理的认同。

如同中国各地的菜系，典雅的"京料理"也分门别类，只是外国人分不清楚，仅仅把所有略为精致的和食统称为"怀石料理"罢了。

这里面可有些学问。古时候京都有"大飨料理"，主要为贵族服务；"本膳料理"则受武士欢迎；"精进料理"则主要被寺院所享用。此外还有随茶道发展而来的"怀石料理"，和普通庶民的家常菜"町方料理"，当然还有夏季贵船神社的"川床料理"以及宇治万福寺的"普茶料理"。追求精致的料亭把怀石料理与本膳料理相结合便有了"会席料理"。许多店家都因料理考究而被评上了米其林星级。

但千万别误以为京都人的日常饮食都是精致的料理。在京都有许多大有名气的料亭，即使本地人也难得品尝。京都的方言把日常饮食称为"お周り"，意为围绕主食米饭的菜食。看来"四菜一汤"是中日两国食客共同的追求。

吃"京料理"必须懂得"旬"字的含义，所谓旬物指的就是时令菜。四季流转，尊重大自然应季而食才是料理之道。春季的竹笋、夏季的蔬果鱼虾，秋季的松茸，冬季的蕨菜，等等，四时景物见于盘底。

食不厌精，来京都旅游吃回正宗的"京怀石"是必需的。但许多料亭却并非那么容易预定。比如位于京都东山之麓的"菊乃井"总店创立于1912年，至今已传三代，被称作西日本最顶级的怀石料理店。相传丰臣秀吉的发妻从此处的井中取水煮茶，看到井中涌出的水像朵朵菊花，便命名为"菊乃井"。从此店家便用这里的井水调制美食。托薛老福，预订到了此处午餐。其煮物、烤物、香物、八寸和汤等都十分考究，米其林三星名不虚传。

总以为京都的料理才最纯正，你看曾经那些文人骚客如川端康成、谷崎润一郎、夏目漱石、松本清张、渡边淳一等等都是京都的资深食客。了解一个地方，美食可谓捷径。

号称日本三大和牛的松阪牛，据说指的是没有生育过的黑毛母牛，农家饲养三年，且每天饲以大麦、豆类等混合饲料。一头母牛不生产，自顾自地悠闲，此外还要喝啤酒，甚至用烧酒为牛按摩，这样的生活太奢侈。松阪牛身上每个细胞，都蕴含着人类食欲的精华。

别看今天日本和牛名满天下，可在明治维新以前，日本人吃惯了海味，又受佛教影响崇尚吃素，是不屑于吃牛肉的，认为是"又硬又臭的脏东西"。印在万元大钞上的福泽谕吉曾在自传里回忆德川末年时的情形，说是那时候"在大阪全城只有两处卖熟牛肉的店铺，一处位于难波桥，另一处在新町附近，都是最下等的店铺。只有破落户和穷学生是那里的常客"。逐渐地有些见过世面的武士，受西洋文明和荷兰医学的影响，把牛肉当作滋补强壮的药来用，但也毕竟是少数。

直到1854年美国人佩里的黑船一声炮响，才为日本人民打开了吃牛肉的序曲。1872年明治天皇总算是带头夹了一筷子牛肉，从此食用牛肉开始成为风潮。明治政府把肉食作为改良日本人体质、文明开化的一个重要手段在社会上推行。还是那位福泽谕吉先生，站出来大力推行"肉食论"，先后在报纸上发表了《肉食之说》等文章鼓吹吃牛肉的好处。东京街头到处树立着"养生、牛肉"或者"官许牛肉"的旗帜和广告牌，牛肉店也如雨后春笋般纷纷开张。

那时候关东街头的牛锅和关西街头的寿喜烧，成为当代日本料理体系中大众牛肉料理的先驱。原本不喜食肉的人们在天皇吃了牛肉之后也纷纷以吃牛肉为荣，去牛锅店里尝新鲜。有位新闻记者，写了本名为《盘腿坐吃牛锅》的畅销讽刺小说，把不吃牛锅的人说成"不开化之人"。一时间"吃牛锅"与"文明人"画上了等号，日本人对牛肉的需求大增。到了1879年，年消费量已经达到了三万余头。看来和牛成了文明开化的重要功臣。

孔夫子都说过："食不厌精，脍不厌细。"那么没吃过和牛不敢自夸懂牛肉，一口下去不能吃出感动的眼泪的牛肉不是好牛肉。

乌冬面可算是日本的国民饮食之一，乌冬的发音写成日文汉字便是饂饨。中国面条唐称不托、宋称馎饦，据说日本的乌冬叫法便是由馎饦误写或转换而来。在今天日本有些地方的店家招牌上仍写着"馎饦"的字样。虽然四国的香川县，至今流传着入唐求法的空海大师从唐朝传来乌冬的说法。但真正的历史记载却是公元1241年从中国留学回来的圣一国师，从宋朝引进面粉加工技术并大力推广，从而有了乌冬面。位于福冈的承天寺便有刻着"饂饨荞麦発祥之地"的石碑。今天乌冬面再次由日本传回中国，许多地方都有乌冬面或乌龙面的招牌，并不陌生。当观光客来到日本点上一碗美味的乌冬面时，不知可曾想到中国唐宋的"馎饦"。

怀石料理

百年老铺

百年老铺是京都的魅力之一，据统计2017年全日本创业百年以上的老铺企业有33069家，创业千年的企业有七家。那么日本人对于老铺有自己的衡量标准，创业百年，传承三代以上才可称老铺。而这样的老铺，京都有1091家。

今宫神社的参道两边，坐落着两家从规模、产品、陈设甚至零售价格都类同的老铺。每次从参道过，总被两家店铺的热情招揽搞得无所适从，总觉得如此白热化的竞争中，去了一家便是不给另一家面子。其实说起来，这两家店铺都大有来头，在这里也已经历了数百年的竞争。

先说参道北侧这家，名为"一文字屋和铺"，创业于长保二年（1000），传承至今已25代。响当当的千年老铺，算得上是从平安时代传承至今的日本最古老的"和果子"店。历史上著名的应仁之乱造成了京都的饥馑，于是庶民们便用竹签串起麻薯作为今宫神社的祭品，吃后祛病除灾。从那时起，这家店铺便经营起了烤年糕的生计。这家店铺的建筑物至今还保存着元禄年间（17 世纪）的风格，上一次翻新还是大正时代，店里还保留着平安时代的井户，真可谓名副其实的老古董。

而对面那家名为"かざり屋"的店铺，虽然创业只有 400 年，却挂起了"元祖"的招牌，分明就是挑衅对家，自称为烤年糕正宗，火药味十足。可有趣的是两家的售价都是 500 日元 13 根，平日里也都拥有各自的粉丝而顾客盈门。究竟谁最地道，也引起了不少争议，萝卜白菜各有所爱罢了。

或许是千年老铺的名头太诱人，总是不经意带着朋友一头扎进"一文字屋"，也已和店家混得脸熟。有段时间，那里甚至成了中国人来京都学习日本老铺企业的朝圣地。烤得过焦的麻薯沾着特制的白味增吃下，倒也香甜可口，和对面各有千秋。如果你来京都，经过这两家店铺。千万不要纠结，因为不管是去哪一家，品尝到的都是对岁月与自然的敬畏下所产生的匠心。

我们总是习惯了把匠人的作品看成艺术品，可他们做的大多却只是日常之物。手艺本身就是职业，家计与名誉，从这个意义来看，匠人显得平凡而朴素。因此他们从不以"匠"自居，而仅仅是自谦为"职人"。

外人看到的仅仅是"物"，而他们坚守的却是"心"。对于老铺来说，最大的困难莫过于"光阴"。凭借单一的产品而生存千百年，本身就是传奇。相比于我的故乡，这实在不是件容易事儿。

日本人对老铺有份如同家人的情感，当已延续了一千四百多年的建筑业老铺"金刚组"面临经营危机时，作为同行的高松建设的会长高松孝育甚至说出"金刚组如果倒闭了就是大阪的耻辱"这样的话。

京都真正的世界遗产不是体现在物上，而是存在于匠心之中。

伊势的骄傲 御木本珍珠

静怡的伊势半岛鸟羽湾，隐藏着闻名世界的高档珍珠企业"御木本MIKIMOTO"。在这个如同渔村的港湾里，它已经走过了整整125年的岁月。其创始人御木本幸吉因开创了人工培育珍珠法而一生传奇。

1888年，御木本在一个小海湾处建起自己的首家珠蚌养殖场。在经历了无数次的失败之后，终于在1893年7月于自己养的蚌中发现了世界上第一颗人工培育的珍珠。据说日本早期的养珠业，在国际上名声欠佳，素有"日本的珍珠就如同廉价玩具"的说法。御木先生特地在有国际媒体聚集的神户商工会议所前烧毁将近135公斤的劣质珍珠，除了对不重质量的同行提出抗议，也强调出自身对于珍珠的热爱与感情，因此在御木本幸吉所创立的珍珠品牌Mikimoto中，采集的珍珠总数里只有10%能真正通过严格的选珠标准。以至于发展到在日本文化中，珍珠被认定为母亲留给女儿最珍贵的嫁妆。

关于御木本幸吉，有各种传说。鲜为人知的是 1927 年，御木本访问美国并在纽约见到了发明家爱迪生。爱迪生审视着手中来自日本的珍珠首饰对御木本幸吉说道："我的研究所里只有两样东西发明不出来，一是钻石，再就是珍珠；所以你做了件伟大的事情，美国人也应该知道御木本这个品牌。"这段谈话被记载入当年的纽约《时代》周刊。1933 年御木本终于在纽约开店，其实中国分店早在 1913 年便在上海开设了，如今御木本在全球已拥有一百多家店铺。

御木本珍珠博物馆中，观赏珍品与御木本的企业文化，印象深刻的是传统的海女采珠的表演。突然想到维米尔那幅名画《戴珍珠耳环的少女》，17 世纪画作中那颗耀眼的珍珠，据历史学家推测很可能是通过东印度公司的贸易来自中国。中国人用珍珠作装饰有记载的历史可远溯至周朝，如今的世界"御木本"已是珍珠的代名词。

京都冬至

老话说得好，冬至大过年。意思是说二十四节气中冬至最受重视，借机还可包饺子解馋。受大陆文化影响，日本自古亦重视冬至，过去曾被称为"唐の正月"。据说公元 659 年那次的遣唐使曾有幸受邀参加了东都洛阳盛大的冬至仪式。于是后来的桓武天皇决定在公元 784 年的冬至引进这一仪式。而那一年冬至正好是 11 月 1 日，按照古代中国风俗为"朔旦冬至"（每 19 年一个周期），于是举行了盛大的庆典。该习俗一直沿袭至 1870 年被明治政府废除。

日本倒是始终没学会冬至包饺子的风俗，也许是因为这类技术活儿实在不利于全民普及。但他们认为冬至是一个重要的转折点，过了冬至，坏的运气也会随之而去，幸运开始降临。每年冬至日本人吃南瓜、泡柚子汤，据说这个习俗始于江户时代。冬至日文发音为"とうじ"，正和以泡汤来保养身体的"汤治（とうじ）"同音。家门口便是京都闻名的船冈温泉，异国的冬至也要入乡随俗。

名人的京都

03

三岛由纪夫与金阁寺

日本昭和时代的文豪们，大都热爱京都。川端康成写作了《古都》，三岛由纪夫写出了《金阁寺》。对于三岛而言，川端康成亦师亦友，而对于川端，三岛可谓是他鲜有的人生知己。两人不仅在文学方面，生活中也是彼此关照，也许二人都在男人原本孤独的内心世界中找到了共鸣吧。三岛由纪夫在其著作《叶隐入门》中写道："男人的世界就是关怀的世界，男人的社会能力也就是指关怀的能力。"甚至三岛在自杀前的1970 年 7 月 6 日写给川端的最后一封信结尾仍写道："敬请先生保重贵体。"

哪本书才称得上是三岛由纪夫的代表作呢？莫过于 1956 年创作的《金阁寺》。小说取材自真实事件。原来今天游人如织，成为京都人气景点的金阁寺，竟然是 1955 年重建后的。1950 年，寺中金阁被一名叫林承贤的僧人放火烧毁，纵火后他逃逸至山中切腹，但被救活。为何他要把金阁付之一炬呢？在对警方的供述中他说："我恨我自己，邪恶的丑陋的口吃的自己。"这位因金阁寺的壮美反而加深了自卑感的僧人，精神倒错下做出来这样的事。

作为完美主义者的三岛或许从这个疯和尚身上找到了些许共鸣吧？他在《金阁寺》中写道："他盼望着金阁寺在这场战争中燃烧殆尽。在他看来，金阁寺是永恒的，而作为人类的我们却并非永恒的存在。他盼望着金阁寺燃烧殆尽之后，和他变成同等的存在。然而结局却并未如他所愿。别的鸟儿在空间飞翔，而这只金凤凰则展开光灿灿的双翅，永远在时间中翱翔。行动本身完全是一种梦幻，既然我已经完全发挥了这个梦幻的作用，那么还有必要行动吗？这不是徒劳无益的事吗？金阁犹如夜空中的明月，是作为黑暗时代的象征而建造的。因此我梦想中的金阁，一定是以涌现在其四周的暗黑为背景的。不被人理解已经成为我唯一的自豪。"

法然院虽毗邻游人如织的哲学之道，但这家隐匿在山林间的临济宗寺院，却并不为游人所熟知而得以独享寂静。一年只有春秋两季的特别开放，也显出了寺院安享世外的态度。喜欢这里完全是因为作家谷崎润一郎，因为他的大名，我甚至已懒到去考证这所寺庙的渊源。

法然院是谷崎润一郎选定的埋骨之地。在其晚年最后的小说《疯癫老人日记》中，男主人公从东京到京都，为自己选择墓地，最后选中了法然院。文中写道："法然院现在在市中心，市营电车就从旁边经过，疏水樱花盛开的时候尤其热闹。但是只要一进寺院，便异常肃穆，使人心情自然而然平静下来，这是别的地方比不了的。"正巧也逢樱花季，也曾酒后对友人戏言说京都倒是适合埋骨。站在文豪的墓碑前，仿佛时空交错。

据说谷崎喜爱垂樱，他墓旁就种了一棵。但整个法然院中却种植着各样的椿树，坐在庭院中发呆，偶尔听到椿花整朵地掉落在地上"咚"的一声响，那份静寂真的就有如小说所写的那样。

出生于东京的谷崎润一郎，家族可谓是老东京。其出生地日本桥一带又是江户文化的中心区，而这位纯粹的"江户儿"中年以后却偏偏喜爱京都。他自己就常说："东京人是没有故乡的。"

历经情感纠葛的谷崎最终在 49 岁那年与 32 岁的松子结婚，从此有了终身的伴侣。谷崎创作风格也随之转变，他终于在京都找到了故乡。或许因为松子，曾就读东大外文系，十分崇尚西洋文化的谷崎，开始对日本文化有了深刻的理解，同时形成了他独特的日本美学观。不到法然院这样的禅寺，或许无法领悟谷崎大作《阴翳礼赞》中所描绘的日式美学的层次。常被人问起：何为"物哀"，或是"佗寂"？怎好一言以蔽之。欣赏斋藤绿雨的一句话："风雅就是寒。"

谷崎的墓石上刻着"寂"，出自他的手笔，落款处为"润一郎"，是他和夫人松子的合葬墓。据说内藤湖南（东洋史学家）、九鬼周造（哲学家）、河上肇（经济学家）、福田平八郎（日本画家）都葬在附近。法然院还真就是文人们钟爱的墓地。

谷崎润一郎最后的绝笔写道:"七十九岁之春。"或许选中法然院埋骨的他最终在京都领悟到了人生的春色。人生如寄,并非所有的他乡都能作为故乡,但红尘之旅却都是在为心灵寻找一种安放。

王国维的永观堂

京都这样的地方，自古便受到文人墨客的喜爱。就连清末民初的国学大师王国维也毫无例外地留恋于此。1911年到1916年年初，先生曾侨居京都。如他在《丙辰日记》中总结在京都这段日子时写道："此四年中生活，在一生中最为简单，惟学问则变化滋甚。"

有学者从王国维写给日本朋友铃木虎雄的七封书信的落款中，考证出了他在京都有田中村流田町、田中村百万遍西门、吉田町神乐岗八番地这三个住址，今都不存。

汉学家青木正儿在其《中国近世戏曲史》序中记载："终于，明治四十五年（1912）2月上旬我拜访了王先生。顺着田中村百万遍邮局旁边的路向北走一会儿，西边有三个杉木围墙的小楼房。我想其中正中的一个大概就是王先生的家。我向里边请求传达一下……不久有了下楼声，一个人出现在门口了。这个垂着辫子、相貌丑陋的乡下人就是挺有名的王先生。"

据传，王国维在京都的最后岁月，即 1915 年 5 月他将家眷送回家乡后，曾寓居京都东山的永观堂，王国维后来号"观堂""永观"，大概就缘于此。1917 年秋冬间，王国维将文章 57 篇编为文集《永观堂海内外杂文》上下二卷。1918 年 3 月 14 日王国维致罗振玉信：公如作书时，祈为书"永观堂"三字小额，以后拟自号"观堂"，此三字尚大雅。去岁小集亦题《永观堂海内外杂文》……

循着一代国学大师的足迹，散步至永观堂，不在红叶季（此处为京都赏枫名所），寺院倒更显得幽深静雅。

永观堂正式名称为"圣众来迎山无量寿院禅林寺"，创建于 863 年，为净土宗西山禅林寺派。因第七世法主永观律师受信徒爱戴而通称"永观堂"。

地处东山脚下，永观堂之美不必赘述，无论庭院、佛堂、回廊以及障子画皆属上乘。最值得称道的是作为镇寺之宝的一尊世间独有的"回头阿弥陀佛"立像，为平安后期至镰仓初期之作。

这尊阿弥陀如来发髻高隆，眉心显白毫相。面相圆润，体态丰满。双耳垂肩，细眉长目，秀鼻小嘴，五官及身形均受大唐风格影响。相传在 1082 年 2 月 15 日晨，50 岁的永观法师在佛堂经行念佛，忽见阿弥陀佛从法座上下来，在前引领他一起经行。永观法师一时惊讶、感动，不觉脚步慢下来，与佛的距离越离越远，正在踌躇的时候，阿弥陀佛忽然回头对他微笑着说："永观，迟矣！"虽是传说，可这样的佛家物语仍显温情。

转入寺院本堂，顿时被僧人悠扬的诵经声所吸引，竟不忍离去。出山门已是黄昏，回首再望永观堂。夕阳投射的阶梯上仿佛站立着那位瘦小丑陋、留着辫子的王国维先生正吟诵着他在京都作的赏红叶诗："漫山填谷涨红霞，点缀残秋意太奢。若问蓬莱好风景，为言枫叶胜樱花。"

虽然学界对于王国维是否曾在此居住并无定论，可我仍愿相信唯有永观堂方配得上先生的才情。

川端康成与青莲院

喧嚣的祇园、八坂神社以及知恩院、高台寺至清水寺仿佛已成为教科书式的京都一日游线路。即使非旅游旺季，也难寻一份清静。这里仿佛就是专为游客准备的京都，除非不便推脱的理由，我亦很难鼓足勇气涉足这一区域。

但距祇园不远，步行可达的位于知恩院三门百米处的青莲院，却显得静怡，与祇园的喧闹恰成对比。门口有一株标志性的巨大樟树，曾出现在川端康成的《古都》里，据说文豪也喜欢在这里散步。

青莲院始称青莲坊，为天台宗传教大师慈觉圆仁住所。说起这位大师十分了不起，公元838年圆仁被选为入唐请益僧，在中国待了近十年，其间还经历了唐武宗会昌灭佛。圆仁将求得的佛法注入日本天台宗，从而迎来了天台密教发展的最盛期。他根据求法经历记录成了《入唐求法巡礼行记》四卷，与玄奘的《大唐西域记》和马可波罗的《东方见闻录》并称为世界三大旅行记。1955 年，美国驻日大使赖肖尔将其译为英语，后又自撰《圆仁在唐代中国的旅行》一书，可见圆仁在东西方的影响力。

平安时代末期，青莲坊的第十二代行玄大僧正将寺庙扩建，改称为青莲院。"青莲"之名想是取自《法华经》谓妙音菩萨"目如广大青莲华叶"之意。"青莲院门迹"自古是天台宗比叡山延历寺三门迹（青莲院、三千院、妙法院）之一，现在是天台宗京都五门迹之一（再加上曼殊院门迹、毘沙门堂门迹）。所谓门迹寺院，指的是由皇室亲王出任住持的寺院，因此与皇室关系颇深，到后来明治为止，历任住持几乎都是皇族。江户时代天明八年（1788）皇宫遭遇大火之际，青莲院曾作为临时皇宫供皇族在此避难。

青莲院庭园设计也相当考究，内部的主庭，是室町时代相阿弥所作的池泉洄游式庭园，此外还有江户时代小堀远州做的雾岛之庭。作为京都最有名的庭院之一，主庭院借景粟田山形成了典型的池泉洄游式庭园，足可使你在此偷得浮生半日闲，忘却世外纷扰事。

旅居京都近三十年的篆刻家傅兄告诉我，最爱夜间沿青莲院边的街道散步。前不久相识的某位来京都定居的企业家亦告诉我道，京都最爱青莲院。如同我偏爱家门口大德寺。当你问："京都哪里的樱花好？"同样得不到统一的答案。每个人心中都有一个自己最爱的京都。

丰臣秀吉赏花处

日本的古代，群雄风起。但真正称得上是"英雄不问出处"的，唯丰臣秀吉一人。难怪底层出身的秀吉一旦得了天下便以"天下人"自居。

丰臣秀吉并非一介草莽，他发展贸易，振兴商业，确定税制，还大力鼓励茶道，千利休因此成为茶道的一代宗师。

但鲜为人知的是丰臣秀吉还有个绰号叫作"普请狂"。在日文中"普请"就是大兴土木的意思。丰臣秀吉十分热衷于建筑工程，无论是都市开发，还是寺院和茶室的建造，他对于后来江户时期的建筑有很大的影响。许多强人都干不出来的事，到了秀吉这里都不是事儿。

到了 1591 年，五十四岁的秀吉也有了对于死亡的恐慌。身边的亲人相继离世，一连串的打击使他心神不宁，他甚至赐死自己一手提拔的千利休。伴随着第二个儿子秀赖的出生，他又以谋反罪赐死了侄儿秀次一族。他的心情就像平安时代的藤原赖通（修建平等院），以及室町时代的足利义政（修建银阁寺）。丰臣秀吉也决定要兴建一处庭园，打造他心中的"极乐净土"。

京都洛南名胜醍醐寺便因此与秀吉结缘。醍醐在佛教中用以比喻佛性，醍醐寺本是空海的徒孙圣宝理源大师于 874 年开山，因数代天皇在此皈依而地位尊崇。寺中的五重塔被称为京都最古老的木质建筑，是日本第一座从中国建筑的束缚中解放而出具有日本式风格的佛塔。除此之外，该寺还是洛南第一赏樱名所。

丰臣秀吉是赏樱的狂热分子。1597 年 3 月，他到醍醐寺赏樱。意犹未尽，突发灵感于来年春天又在醍醐寺举行了千人规模的赏花大会，盛况空前。由此演变成了后来日本人大型"花见"活动的滥觞。看来丰太阁极喜爱群众性运动，北野大茶会也是如此规模。

丰臣秀吉利用这次赏花大会的机会，重新兴建三宝院，决定亲自操刀设计庭园，并搜罗了大量珍贵的奇石，展现了秀吉式的手笔和气魄。洄游式庭园以水池为中心，呼应出海洋和蓬莱仙岛的概念。三段式的瀑布，水声淙淙。庭园不但"可看"，也"可听"。最奇之处便是与之相连的枯山水，实现了由动态转向静态的空间转换，堪称奇想。

　　那年醍醐寺的赏花大会，成了秀吉人生落幕前的最后飨宴。半年后，他就离开了人世。那么，当他最后一次坐在表书院廊下静观庭院与樱花时，眼中究竟是怎样的风景？一生的起伏跌宕从眼前一闪而逝，犹如朵朵坠落的樱花。舞榭歌台，风流总被雨打风吹去。

坂本龙马归葬处

整一个半世纪前，同样处于东亚的中国与日本，面对世界局势的碰撞，截然不同的结局，令人扼腕叹息。明治维新，豪杰辈出，在日本人心目中无异于一段最荣光的历史。

京都东山高台寺旁有一段路被称为"维新之道"，道路尽头是灵山博物馆，此处是日本唯一的纪念明治维新的博物馆。附近的神社中埋葬了包括坂本龙马在内的近千名维新志士。

一早到此正赶上明治维新三杰之一的"西乡隆盛展"。但由于受司马辽太郎小说《龙马来了》改编成的大河剧的影响，我还是对坂本龙马更有兴趣。可能是福山雅治饰演的龙马形象过于帅气有型，以至于看到博物馆中真实的龙马照片时，怎么也不愿认同那个把手插在怀中一脸痞相的龙马。据记载龙马本人身高近一米七五，在那个时代已算是高大。想想就是这样一位下级武士，竟然孤身促成"萨长同盟"，成为倒幕的推手，实在不可思议。

坂本龙马之墓何以会在京都的东山？原来龙马在日本企业家大佬中拥有一批忠实的粉丝，其中最为重量级的人物便是被称为日本经营之神的松下幸之助与孙正义。

"二战"结束后，东山附近的维新墓地逐渐荒废。1968 年，明治维新整一百周年之际，在松下幸之助的号召下关西财阀出资，建博物馆并大量征集关于龙马的史料。作为超级粉丝的松下幸之助甚至拨专款修缮龙马墓地。看来没有粉丝的英雄身后必定落寞。

谈起明治维新，人们总因江户的无血开城而把其归类为无血革命。实在偏颇！看看灵山博物馆入门处那把生满铁锈，使龙马毙命的武士刀便会明白，幕末的京都同样是腥风血雨。还有其后西南战争，世上哪有不流血的革命？

纵观历史，明治维新而建立的近代国家日本，也伴随着残虐的好战性而最终走向失败。历史带给人们太多的思考，可以激进，也可以理性。

杨贵妃成佛

　　日本人最为熟悉的中国历史上的女性恐怕非杨贵妃莫属，这也许有赖于白乐天的《长恨歌》。诗中所描写的杨贵妃与唐明皇悲伤的爱情故事与日本文学纤细感伤的"物哀"审美精神相吻合，激起了日本人的同情和感叹，因此日本以杨贵妃为题材的诗画歌咏等作品屡见不鲜。甚至有杨贵妃是热田神宫之明神的化身的传说。

　　而我对杨贵妃的认识却来自井上靖的小说《杨贵妃传》，从中可领略到日本作家对她的同情，而并非中国正史中所描绘的不堪。

　　尤其关于她的生死，更是悬念重重。中国学者俞平伯、周作人都曾著文提到杨贵妃辗转到日本定居。日本学者渡边龙策在《杨贵妃复活秘史》一文中考证说，杨贵妃逃脱马嵬坡后得到舞女和乐师的帮助，辗转到扬州见到日本遣唐使团的藤原制雄，在藤原的协助下，搭乘遣唐使船到日本久津登陆，时间为公元 757 年。到日本后杨贵妃受到孝谦天皇的热忱接待。

贵妃没死？《长恨歌》中分明写道："马嵬坡下泥土中，不见玉颜空死处。"

据说，就连影星山口百惠也曾信誓旦旦地自称是杨贵妃后人。杨贵妃一定很美，否则李白也不会吟出"名花倾国两相欢，长得君王带笑看"的佳句。但毕竟谁也没见过贵妃真人，只好凭空臆测。

话说京都三十六峰的月轮山脚下，隐藏着一所皇家寺院"泉涌寺"。其开山祖师月轮大师俊芿，曾在宋朝留学十二年，而后按禅宗式样造寺，寺内仍存有南宋传来的佛祖牙骨舍利（舍利殿每十二年开放一次，正好赶上）。因日本古代数代天皇都在此皈依并埋骨，因此又称为"御寺"。

入泉涌寺参道总门，至山门仍要穿过一段两百多米林荫蔽日的山道，刚刚还是京都的街道与车流，瞬间便犹如隔世。

进山门左首处木牌上竟赫然写着"杨贵妃观音堂"的字样。京都的寺庙中为何会供奉杨贵妃呢？

原来失去贵妃的唐玄宗，终日郁郁寡欢。便令人按杨贵妃的容貌雕了一尊等身大的观音菩萨坐像。到了1228年已是南宋时期，日本留学僧湛海律师受人之托将这尊佛像带回日本，安放在泉涌寺内。京都女子到此祈求美貌，香火颇旺。

今人从这尊观音像双眸低垂的神情里，仍可体会到一种难以言喻的高贵。痴痴看了半天，遥想贵妃当年姿，可昏暗光影里却发现贵妃唇部竟然有胡须。这绝非为了把贵妃表现为女汉子，原来唐代观音多男相，《华严经》上就有一句"勇猛丈夫观自在"的话。

古刹泉涌寺内邂逅杨贵妃，不禁恍惚。耳畔仿佛是酒醉后的太白轻吟着："云想衣裳花想容，春风拂槛露华浓。若非群玉山头见，会向瑶台月下逢。"风华绝代的杨贵妃如今却在京都成佛。

一休和尚的真珠庵

谁说近处无风景，离家一条马路之隔的大德寺，虽每日经过却也不敢大言熟知。若想把其中的每处院落塔头穷极，恐怕得等上二三十年也未可知。终于，大仙院边上的真珠庵秋季特别公开，此处据说与世人熟知的一休和尚渊源极深。院中的库房、方丈、书院及茶室等都被指定为国家重要文化遗产。

本想着可借机观赏到土佐派师祖土佐光信所画《百鬼夜行图》和障壁画等佳作。可谁承想自从 1998 年 63 岁的山田宗正担任大德寺第二十七世住持后，此处便征集了四十幅当代漫画题材的作品，换下了四百年来一贯的障壁画。也许有人会说这样做大煞风景，可这却像极了一休和尚的做派。禅本是处处可得，何必执著于新旧与内容。一休当年甚至烧毁了师傅发给他的相当于佛门毕业证的印可状。大和尚一生特立独行，癫狂自在，不愧是岛国历史上传奇最多的僧人。

动画片里被唤作一休的小和尚，作为后小松天皇庶出的皇子，五岁出家时最初并非叫一休而被称为周健。直到他 24 岁时，才被命名为一休宗纯。那么一休这个法号又作何解呢？他曾作一首偈颂如是解释道："欲从色界返空界，姑且短暂作一休，暴雨倾盆由它下，狂风卷地任它吹。"诚然，人只有经历了红尘世界的俗才能超脱到精神世界的空，物质与精神的世界相辅相成，禅是人不断来往于这两个世界之后形成的顿悟。作为俗人的我们也不过是"姑且短暂作一休"罢了。

　　想到此，反倒觉得真珠庵的障壁画倒也生动有趣。喜爱动漫的小朋友倒是可以来真珠庵参禅作一休。

织田信长的神社

　　向晚时分，散步至家附近的船冈山。虽只是标高 45 米的小丘，却是京都极重要的风水镇守之地。此处位于平安京中轴线的延长线上，是建设平安京的北部基点。据说平安时代的贵族常到此歌舞宴饮，清少纳言的《枕草子》中也曾有过对船冈山的歌咏。

　　船冈山顶山林环抱中的建勋神社，俯瞰京都北区。此处供奉的神祇是战国枭雄织田信长。本能寺之变后，由丰臣秀吉上奏请正亲町天皇赦准，将此处作为祭祀原主君的神社。神社至今保存着织田信长的铠甲以及桶狭间之战的战利品。

　　登高望远，不禁遥想当年的信长何等意气风发。横槊上洛，天下布武。神社中立有石碑一块，上面刻着的正是信长总爱唱道的古曲《敦盛》，较文艺地翻译出来："人生五十年，如梦亦如幻，有生亦有死，丈夫复何憾。"这本是出自《平家物语》中描写熊谷直实与平敦盛的典故，不想却成为信长的写照。本能寺大火中回响着信长吟咏的《敦盛》之曲，真就是人生五十年，信长死时 49 岁。

无论忠奸英武，贵胄草莽，最后皆成为京都历史簿中的名字，或化作神社庙宇中的鬼神而被后世所乐道。历史的一张张面孔，在京都的古迹里变得鲜活起来。

历史从不曾远去，还是明代杨慎《临江仙》的唱词最妙：

滚滚长江东逝水，浪花淘尽英雄。
是非成败转头空。
青山依旧在，几度夕阳红。
白发渔樵江渚上，惯看秋月春风。
一壶浊酒喜相逢。
古今多少事，都付笑谈中。

日本第一美女的随心院

2016 年上映的动画电影《你的名字》广受好评。其创作灵感就来自小野小町的一首有名的和歌："思ひつつ寝ればや 人の見えつらむ 夢と知りせば覚めざらましを。"大意是："梦里相逢人不见，若知是梦何须醒。纵然梦里常幽会，怎比真如见一回。"

小野小町生平不详，是日本平安初期的女诗人，被列为平安时代初期六歌仙之一。她的诗歌有六十六首被选入《古今集》。她不但有才情且貌美，是日本历史上公认的第一美女，典型的日本史上第一白富美。拜她所赐，小町一词也成了对美女的代称。她与贵族青年深草少将的爱情故事"百夜通"被后世广为流传。京都有一处寺院和她渊源颇深。

随心院位于京都洛南，古称牛皮山曼荼罗寺。由空海大师的第八代弟子仁海僧正奏请一条天皇而建于正历二年（991），后于应仁之乱时被焚毁，现存寺院重建于公元 1599 年。

随心院是小野小町晚年居住的寺院。院内至今遗留有小町化妆时使用过的水井和埋藏情书一千封的文冢以及赏花的梅园等许多历史遗迹。寝殿造型的主堂内供奉着传说底座粘着给小野小町情书的文张地藏尊和卒塔婆小町坐像等神明。院内平日人迹罕至，堪称京都洛南一处幽静禅林。最美早春时节，园内两百余棵梅树暗香涌动。

都道："自古红颜多薄命。"可据说小野小町却活了九十岁。她曾作过这样一首和歌："花の色は うつりにけりないたづらに わが身世にふる ながめせしまに。"大意为："春雨绵绵樱花落，可惜朱颜改。"小野小町告诉后人，真正的美丽不在容颜。

我的京都

04

访岩仓具视旧宅

漫无目的，一路向京都洛北闲逛，不期又走到实相院门迹。不起眼处立一石碑刻着"岩仓具视幽栖旧宅"字样。"幽栖"二字令人不禁想起宋人"何如丘壑卜幽栖"诗句。而"岩仓具视"的大名则更是令熟悉明治维新历史的人如雷贯耳。常人多知"明治三杰"的事迹，殊不知日人把这位岩仓公爵视为明治维新五杰之一。

循窄巷一路访去，一处幽静院落，门票倒只要三百日元，这价格甚至比不上京都大多数名迹。既是幽栖旧宅，便有些隐居遁世之意。岩仓可谓少年得志，十四岁成为岩仓具庆的养子，便被授予从五位下官职成为殿上人。1854 年成为孝明天皇的侍从，后在朝廷中逐渐崭露头角。1862 年，因朝廷尊皇攘夷派的崛起而被迫辞官，落发为僧，并被禁止外出。一度在灵源寺、西芳寺隐居，后买下洛北岩仓村木匠藤五郎的废屋改建，便形成了现在的格局。

坂本龙马、中冈慎太郎、大久保利通等人都曾到此邸拜访密谈。幕末风云波诡云谲，这里俨然成了维新志士们的聚会场所。1867 年，他策划王政复古，让明治天皇即位，革新日本政治，终于得以告别幽栖等来了翻身的机会。

新政府向欧美等国派出的以岩仓为团长的使团，这是日本历史上一次空前绝后的壮游。这次旅行长达二十二个月，环球一周，访问了十二个国家。团员包括大久保利通、木户孝允和伊藤博文等四十六名政府要员，个个后来都成就斐然。有趣的是，国内留守政府却是由后来领导叛乱的西乡隆盛负责。

使团人员的构成平均年龄三十二岁，概括地说，这是一次年轻人的壮游，有兴奋，有迷茫，有看似找到了的真理，但无论对个人还是国家都是一种成长。作为团长的岩仓也因此成就了自己。出生在京都的岩仓具视在五十九岁人生最后的岁月里，提出了京都御所保存计划，当年 7 月 20 日因病情恶化去世被赐以国葬。

院中一西洋式的建筑唤作"对岳文库"，里面展示着他的遗墨与事迹，任人评说。宅邸内和风建筑名"邻云轩"，四周的庭院据说出自著名造园世家小川治兵卫七代目之手，可比起同在京都的山县有朋的"无邻庵"却显得简陋不已。从山县有朋开始，最终还是那群长州藩武士败光了明治维新的家底儿。

有邻馆和博古馆

期待许久，今天终于等到了有邻馆开放的日子。11：00 开门时赶到，也只是看到紧闭的正门边上一个不起眼的提示牌上写着请走边门的字样。与隔马路相望的平安神宫相比，显得寂寞冷清。

大名鼎鼎的有邻馆的开创者为明治时期的实业家兼政治家藤井善助。他受政治家犬养毅影响，开始收集中国古代美术品。辛亥革命后，大量的清宫旧藏流往日本。由犬养毅为中介，又得内藤湖南、长尾雨山等学者的帮助，很多极为珍贵的文物不断集聚到藤井家。1926 年由建筑家武田五一设计的有邻馆，屋顶设中国建筑风格的八角堂，建造时用了 38000 枚乾隆时期的黄釉瓦。有邻馆的部分藏品规格之高，令人惊叹，王羲之《袁生帖》、梁武帝《异趣帖》、倪元璐《草书》、王铎《行书香山寺诗》、宋代木雕菩萨、青铜器、文方等皆为稀世之宝。2010 年 6 月 3 日，从该馆流出的北宋黄庭坚《砥柱铭》以 3.9 亿元落槌，加上佣金，总成交价达 4.368 亿元，创下当时中国艺术品拍卖成交价的世界纪录。

有邻馆之名取自《论语·里仁》："德不孤必有邻"。

进得博物馆才发现除我们一家外也只有零星游客。馆内设施老旧，像极了早年随祖父去过的某大学博物馆。传说中的镇馆之宝黄庭坚草书《李白忆旧游诗》静置于三楼一隅，见到真品已是激动得不能自已。一位和善老者走过来与我打招呼，与之攀谈馆中的藏品，当他知道我来自中国后便用顺畅的中文与我交谈。惊讶之下忙问对方身份，谁想竟是有邻馆的名誉馆长藤井善三郎先生，交换了名片，约定下次一起饮酒吃茶。在别馆又遇见了藤井先生的夫人，她安排专人为我介绍了别馆的收藏与藤井家族的历史。夫人慈祥而庄重，送了小女礼物并邀我再来。好事多磨，在这京都最神秘的私立博物馆竟有此神奇的缘分。

京都的泉屋博古馆，傍依南禅寺、永观堂等名刹，为日本著名私立博物馆。主要收藏品青铜器精品来自住友家族。该家族从16世纪开始，以做铜矿山的采掘和铜的精炼起家，后来又与当政的江户幕府协力，进行铜锭的海外贸易。因为住友家族做商务时的商号是"泉屋"，而"博古"这个名称可以溯源到北宋徽宗收藏鼎彝书画的宣和殿博古阁，由此得名。博物馆题名为明治元勋西园寺公望公爵。馆藏之精，令人大开眼界。

大和文华馆

    远离奈良市区的大和文华馆临水而建，馆内古树参天。倒令我想到东京的另一处私立博物馆根津美术馆。同样都是由日本近代财阀创建，大和文华馆于 1946 年 5 月由时任日本近畿铁道株式会社社长种田虎雄发起，时至今日，这里收藏有约两千件以中国、朝鲜、日本为中心的东方古美术品，在日本私立美术馆中影响巨大。

    创始人种田虎雄一开始就采用专家治馆的运营方式，初代馆长便聘请了美术史学家矢代幸雄。这位对于欧洲艺术和中国艺术都有独特见解的学者在半百之年开始打造大和文华馆，将毕生对于东西方艺术的看法融入藏品的选择，这也是其藏品数量虽不占优，但是质量无可挑剔的重要原因。矢代幸雄选取了当时南京国立中央博物院人文艺术展示室"文华馆"中的"文华"二字作为美术馆的名字，蕴含了希望"二战"之后的日本以文化立国再次出发的愿望。

正逢《古代中国朝鲜绘画展》，有幸目睹了被日本奉为国宝的南宋李迪《雪中归牧图》，北宋赵令穰《秋塘图》以及《明皇幸蜀图》残卷（另一半在台北故宫博物院），明代绢本《文姬归汉图》等珍赏，实在了得。

　　余以为，明治以来日本诸豪富，其意识境界已可比肩西方财阀，他们普遍认识到真正可以传世并获得尊重的财富唯有建立文化。

胡人俑与美术馆

"丝绸之路"是一个很热的话题，无论东西方乃至日本。我第一次对西域发生兴趣竟是通过井上靖的小说《敦煌》。日本第一支"丝绸之路"的探险队就是从京都出发，由佛教徒大谷光瑞领队。今天京都的一些古玩铺里仍能见到一些来自敦煌的经卷残片。

最早对丝路抱有浪漫探险情怀的是西方人，直到后来我们开始关注，敦煌学却已到了国外。今天的考古发现使得我们得以重新认识历史，那曾经是一个来自不同语言、文化、信仰的交流和碰撞的时代，其开放远远超过我们的想象。

"丝绸之路"这个名词并不是我们中国人提出的，而是 1877 年德国地理学家李希霍芬男爵首先定名的。虽然后来证明，其所承担的文化交流的作用远大于这条路的贸易价值。

中国历史上，"胡"原本是秦汉时期北方游牧民族匈奴的自称。参见《汉书·匈奴传》单于遣使遗汉书云："南有大汉，北有强胡。胡者，天之骄子也，不为小礼以自烦。"盛唐时代的胡人主要指活跃于丝路的来自中亚的不同民族，他们曾与中华文明产生过剧烈的碰撞。譬如汉语中由胡产生了一大批词语：如胡萝卜、胡椒、胡瓜、胡豆、胡桃、胡床以及胡琴等。

参观一个胡人俑展览，墓主人穆泰，据说生于唐高宗显庆五年（660），卒于唐玄宗开元十七年（729），这一时期正是唐朝国力最强盛的开元盛世。唐代流行厚葬，因此陪葬陶俑的精美都达到了顶峰。《唐六典》规定俑类明器不得超过一尺（约30.7厘米），但穆泰墓天王俑高度就达到了120厘米，可见天高皇帝远。

沉浸于胡人俑的生动表情，不由得臆想着盛唐时代的丝路繁荣，耳边是驼队的铃声、骏马的嘶鸣与各种不同语言的嘈杂，突厥人、回鹘人、吐火罗人、粟特人、波斯人、大食人、天竺人……胡人们心目中的世界中心是大唐。

大阪市立东洋陶瓷美术馆的安宅旧藏令许多人十分仰慕，所谓安宅旧藏指的是实业家安宅英一的收藏，其中的中国高古瓷类堪称精品。

安宅财团曾是 20 世纪六七十年代日本的贸易巨头，资金相当雄厚。后来公司因石油危机面临破产，如果售出这批器物的话起码是可以挽救当时的局面的。但安宅先生却在拯救公司和保全藏品之间毅然选择了后者。这批器物并没有随着公司的倒闭而流散，最后在大阪市政府的支持下，建立了大阪市立东洋陶瓷美术馆。显然，"收藏家"的身份在安宅先生心中的地位是高过"企业家"的。

　　从馆藏丰臣秀吉爱用的油滴建盏、汝窑水仙盆、南宋龙泉窑凤耳瓶以及那只令人印象深刻的唐三彩挠首狮等藏品可见收藏之精。难怪日本学者将之称为"安宅品位"。完美主义者的安宅认为：陶瓷不应该简单地给人以美学价值，更多的应该是具备使人精神高扬奋发的力量。

　　有幸参观安宅旧藏，心中只有四字涌现："高山仰止。"

京都古本市集

从前离开东京时，最难舍的还是神保町旧书街。两百多家书店、近四十家出版社聚集于此，当世少见。据说当年留日的鲁迅、周作人兄弟在东京从本乡汤岛二丁目到西片町十番地历次搬家，却也未舍得远离过神保町。

岛国 37.8 万平方公里的国土云集了近一万四千家书店。难怪司马辽太郎写道："对日本社会来说，支撑东洋文化软实力的支柱既不是东大、庆应、早稻田，也不是东映、松竹、宝塚，而是神保町。"

每年由京都古书研究会举办的"古本市集"也不容错过。分别是"春の古书大即売会""下鸭纳凉古本まつり""秋の古本まつり"。各个古书老铺的摊位前人头攒动，从中国古籍到明治大正昭和时代东洋或西洋的出版物，珍籍善本，书帖拓片等等。最难得是一些书籍虽已有一两百年的历史，却保存完好，足可见一颗爱书之心令人感动。今天虽已是纸媒江河日下的网络阅读时代，网上也能买到各样的折扣书。可对我来说，仍然享受在一堆故纸堆里去扒书的乐趣。

望着书堆儿傻想，哪天可以不计成本地把喜爱的书全买下。古代帝王富有天下，却仍然说过"有书真富贵"的话。

京都的寺町通京极商店街店铺鳞次栉比，隐藏其中的几家很具年代感的古书屋倒显得有些寂寞。其中有一家名为"大書堂"的二层书店，因专营浮世绘版画而引人注目，尤其西方观光客多有惠顾。该店创业于昭和元年（1926），店主为中村俊一、正二两兄弟，很显风度。自打江户时代起，京都便是日本出版业的中心，因此有心人在此颇能淘到一些浮世绘版画的精品。

日本的美术作品里，最令国人费解的恐怕就是"浮世绘"，听其名许多人甚至马上便会和"春画"联系到一起。一边是令西方人神魂痴迷的浮世绘，一边却令同为东方的中国感到陌生。想来中国的文化人中，能领会浮世绘妙处的第一大咖恐怕当属鲁迅先生。有学者曾统计过，1926—1936 年，鲁迅购买浮世绘书籍 17 种 33 册，一生收藏浮世绘和版画不下千幅。他在给好友山本初枝的信中写道："中国还没有欣赏浮世绘的人，我自己的这些浮世绘将来交给谁。"

日本为何会发展出浮世绘这样的艺术呢？说法不一，众说纷纭。但还是抛开玄乎的说辞，从社会学角度似乎更加可信。

话说德川幕府统治下的江户时代（1603—1867），可称得上日本历史上的盛世。在平民文化繁荣的背景下，造价低廉、人人可以看懂、风趣幽默、又有一定的实际作用的浮世绘开始盛行。浮世绘题材丰富，包括人物、风俗、传说、风物等等。

日本的浮世绘为何总让人联想到情色呢？从称谓上讲"浮世"在佛教中是"尘世""俗世"的意思，15世纪后被特指为由妓院、歌舞伎所构建起来的感官享乐世界，"春宫"便得了"浮世"的名号。而公认的浮世绘创始人菱川师宣（1618—1694），又多以"春宫画"而闻名。

有人说，浮世绘中的春画是日本AV文化的鼻祖。可若追本溯源，还可追溯到中国明末大量流入日本的春宫画，或曰秘戏图。许是因为当时从中国进口的春宫画太高级，一时"洛阳纸贵"，才逼得日本人不得不自我创作吧。菱川师宣的作品《绘本风流绝畅图》就是受了中国的《风流绝畅图》的启发而作，连名字也取得一模一样。

浮世绘被西方所认识，其过程十分有趣。一种说法是，1644年，明朝灭亡，一度以"瓷器"著称的中国在混乱的政局下无暇顾及瓷器出口，于是日本抓住时机，迅速填补欧洲陶瓷市场的缺口。当时被日本戏称为"红毛鬼"的荷兰人，把大量印有浮世绘的版画的纸张作为瓷器包装与填充物一并运往欧洲。欧洲人震惊于这些包装纸所描绘的艺术性，比起瓷器他们反倒更加看重这些包装纸，尤其是那些文艺中青年的凡·高、莫奈与高更们。曾有西方艺术史研究者戏言道："你从市场中买回的肉，或许包裹着它的就是一幅精美的浮世绘！"

随着 19 世纪摄影技术的发明让苦苦思考"怎么才能画得像"的西方艺术家们瞬间崩溃了，他们终于在这种被称为浮世绘的包装纸里找到了救命稻草。浮世绘的艺术风格让当时的欧洲社会刮起了日本主义旋风，甚至对 19 世纪末兴起的新艺术运动（Art Nouveau）也多有启迪。作曲家德彪西甚至从葛饰北斋所画的《神奈川冲浪里》得到启发，创作了交响诗《海》。

一代浮世绘大师喜多川歌磨死后六年的 1812 年，他的作品出现在了巴黎。当时西方的前卫画家，如马奈、惠斯勒、德加、莫奈、劳特累克、凡·高、高更等人都莫不拜服于浮世绘。取材日常生活的艺术态度，自由而机智的构图，对瞬息万变的自然的敏感把握，这或许就是浮世绘的魅力吧。

1934 年年初鲁迅在给日本友人的信中写道:"关于日本的浮世绘师,我年轻时喜欢北斋,现在则是广重,其次是歌磨的人物,不过适合中国一般人眼光的,我认为还是北斋。"

　　仰慕鲁迅先生,亦喜欢凡·高,居岛国久了也便识得些浮世绘的好。

琳派之雅

　　风和日丽，难得有一整天的闲暇可在贺茂川边抱一本书闲坐。最近开始上心日本美术史，尤其发源于京都的"琳派"，可谓日本美术雅之代表。无印良品的创始人田中一光说："我尽量跟琳派保持距离，只敢从远处眺望，因为我怕有被琳派的这种伟大的生命力吞没的危险。"京都最为驰名的琳派作品当数建仁寺的风神雷神图屏风与养源院的白象图。

　　琳派的美术风格，敢于大量使用金色却并无俗感，可谓世界美术史上一大创举。尤其江户时代，西方甚至因为这个特点把日本称为"黄金日本"。与浮世绘一样，琳派对欧洲的印象派、现代的日本画也产生相当大的影响。在日本 17 世纪、18 世纪的装饰画派中，琳派可称为纯日本趣味的代表。

　　有趣的是，琳派的成形并未像狩野派、四条派、土佐派等其他江户时代的流派那样讲究父子兄弟的师承，而仅是靠后人对于前辈画家的景仰崇拜，进而学习效仿。这种传承不问时间、场所、身份之差，是其他派别未见的特色。

琳派美术的起源可追溯到桃山时代末期的艺术家本阿弥光悦。经他慧眼发掘的俵屋宗达生卒年不考，但据说出身京都有名的商人之家，正因此这种孕育于京都富裕商人阶层而充满情趣的装饰风格，奠定了琳派的基调。

琳派得名取自尾形光琳，他于 1658 年出生于有名的和服店"雁金"的商人家庭。后家业败落，自 40 岁左右才开始立志成为专业画师。他的曾祖父正是本阿弥光悦的姐夫，传说尾形光琳颇为豪气，在河边饮酒，兴起时便将金箔撒入河中，这样的富贵子弟自然会败家。

然而，琳派这一流派的概念并非在尾形光琳的时代就已有之，而是晚到 1972 年东京国立博物馆成立百年特展之际才正式落定。

俵屋宗达与尾形光琳身上都具有闲阶级的味道，或许正因如此，他们才和所处的时代保持着某种抽离感，因而借作品寄托自己的孤独与寂寞。伟大艺术家的产生都需要特别的土壤，并非仅靠勤奋与才智就能成就。孕育一代宗师都需要时间的沉淀。

对于艺术，仅仅感觉到美是不够的。历史与审美的结合才能窥见表象以外的内涵。或许我永远无法用日本人的眼光去欣赏"琳派"，最多也只是从远处去眺望这金色的画面。田中一光在《永远的琳派》中写道：它既像温柔的琴声，又像是日本传统的戏剧的"能"那尖锐的笛子声，有一种让日本人的血液沸腾起来的东西。那是典雅、自由、豁达而绚烂的世界，它并不炫耀自己的美质，展现像早春的阳光似的温暖世界。

铁壶记

京都梅花季在望，收到菊地社长寄来的梅纹宗诗款和铣铁壶。记得去年在山形带独角兽游学团访问之际，菊地夫妇邀我共同设计一款文人气铁壶，经数月间交流磨合，今竟成型。也算平生第一次做了回艺术品设计者，据说上次菊地家族以外的设计者为日本第一位法拉利设计者奥山清行。

菊地保寿堂创业于明万历三十二年（1604），至今已历四百多年，称得上是日本现存历史最悠久的铁壶堂口。到现任社长菊地规泰，已是第十五代。在铸造工艺上仍然坚持用"和铣"工艺，其制作的铁壶与汤釜绝不是今天日本及国内同类产品所能比拟（具体制造工艺可参看本人发表在第 102 期《普洱》杂志中的短文《日本山形铁壶考》）。

四百年的道路，一路走来的艰辛，这种专注本身就充满了魅力。口说得轻巧，可四百多年的时光流转，已远远长于中国历史上曾强盛一时的朝代。难怪民艺之父柳宗悦道："手工是过去的道路，却包含着永恒的力量。"曾有幸在保寿堂观摩过传统铁壶的制造，从那一双双布满老茧的匠人之手亦可看出时间沉淀之下的匠心。

获得各种国内外奖项的菊地保寿堂被选为明治、大正、昭和天皇的进献物。东京国立近代美术馆、纽约近代美术馆、美国卡内基美术财团等皆有收藏，自古就是皇室、寺庙及千家茶道的定制商。

收到铁壶之日，郑重开启包装、欣赏而后煮水试茶。这虽不是我第一把铁壶，但心中却是无比郑重，不仅仅是作为设计的参与者，更是因为这铁壶是来自一个四百年匠人家族的承诺与托付。正如我提议铭刻在壶身上的宋人黄庚《对客》里的那句诗："诗写梅花月，茶煎谷雨春。"我这位异乡客也可在京都古城里提壶思故人。

今天这个时代一切图快，很少有人会耐着性子去慢慢看一幅画，品一壶茶，读一本书。可我这样的人，仍以铁壶慢慢煮水的烟气为美，仍有些不合时宜的落伍情怀。木心先生有首诗叫《从前慢》："从前的日色变得慢，车、马，邮件都慢；一生只够爱一个人。从前的锁也好看，钥匙精美有样子，你锁了人家就懂了。"所有美的事物都需要时间，哪怕是一把铁壶。

　　两访茂庵咖啡皆不遇，去真如堂顺道碰运气，反倒是偏巧茂庵开门，终于得见传说中的京都第一吃茶店的真容，真应了择日不如撞日的老话儿。人说没到过茂庵便不算到过京都，今日得偿所愿，不负住在京都。

　　2001 年开业的茂庵，取名自店主先祖茶人谷川茂次郎的雅号。隐在吉田山茂密林间的茂庵，还真是名副其实。地图中所标示的吉田神乐冈八番地一带，据说曾是王国维旅居京都时的旧居之一。不知这位观堂先生是否也曾漫步于吉田山中。

　　循着指示牌，穿林间一路至山顶，得见一二层木楼便是"茂庵"。正好午餐时间，入内点了轻食、咖啡，边吃边远眺京都景色，倒是绝佳之地。据说八月还能预订位子，在此观赏每年京都著名的大文字山"五山送火"。舒国治先生赞茂庵："颇得澄怀之乐。"比起京都各样的咖啡店，茂庵倒真显得出尘脱俗，爬山路的过程犹如朝圣。

想想茂庵这样的店家，倒是符合京都的气质。并不主动向你示好，反倒刻意隐藏，等你来寻她，却发现见面亦不相识。店铺与人一样，不一定是因为他的产品有多特别，而在于他散发怎样的魅力。

老花街上七轩

　　提起京都的花街，人们大多想到祇园的花见小路。但这只是京都以外人的想法，京都最古老的花街实为"上七轩"。上七轩位于京都上京区真盛町与长屋町附近，与北野天满宫比邻而居。在这条布满了茶屋的古街中，常能见到舞妓曼妙的身影。再加上游人罕至，尤其黄昏时分路过，点起的灯笼辉映下真是充满了古意。

　　据文献记载，此地的历史可追溯到 15 世纪中期的室町时代。当时北野天满宫的社殿因火灾而焚毁，第十代将军足利义植命担任所司代（警察、禁卫军的职位）一职的细川胜元重建。重建后就利用所剩的木材在天满宫东侧门前建了七间茶屋，供香客休息，时人称此处为"七轩茶屋"。

　　到了天正十五年（1587）的八月十日，自称为"天下人"的丰臣秀吉在北野举办了大茶会，号召只要是爱茶之人皆可参加，结果就连洛外的农民也来了不少，史无前例。当时这七间茶屋供秀吉休息，茶屋的主人拿出名称并不雅致的御手洗团子供秀吉享用（日语里御手洗便是厕所的意思）。或许贫民出身的秀吉从团子里吃出了忆苦思甜的味道，大喜之余特赐予七轩茶屋专卖御手洗团子的特权。除此外他还赐予日本各地的法会茶屋之权，这便是日本茶屋的起源。

"天下茶屋出北野。"今天上七轩各家茶屋灯笼上的标志便是当年秀吉吃过的"御手洗团子"。

除了茶屋，上七轩最著名的还是艺舞妓的"歌舞练场"。春季举办"北野舞"，秋季举办"寿会"颇受老京都追捧。每年十二月的艺舞妓点茶亦是盛事。据考证上七轩最初的艺妓来自天满宫为香客占卜兼之奉茶的巫女（神子）。可见上七轩的艺妓与别处不同，多少带点仙气儿。

招艺妓需要花大价钱，因此毗邻此地西阵的织造商便成为此地最大的恩客。照例是一切看钱的风月场所本无情，可历史上上七轩的艺妓即使对破产的客人仍存几分侠义，难能可贵。难怪无数文人以上七轩为题材进行创作，就连大文豪川端康成也不例外。

上七轩原是具有 150 年历史的艺舞妓茶屋长谷川町屋，这里曾因一系被称为"胜"门派的艺舞妓而闻名。推门而入的历史感扑面而来，就连来此进行保护性修复的日本建筑师也为这所町屋的完整性而折服。天下人等，但凡有情怀与实力之辈，皆可来此投宿，品一品上七轩的风流，沾一下天满宫的文气儿。

　　近来，北野天满宫正在申遗，上七轩跟着沾光，相信很快京都又会多一处世界遗产。

鳗鱼的床铺

京町家是构成京都历史文化的重要一环，就连星巴克、爱马仕等国际名牌在京都也选择京町家来做店铺。京町家代表着京都的格调，简直可称得上是京都人的"四合院"。

但不为人知的是，京町家有个绰号被称为"鳗鱼的床铺"（鳗の寝床，うなぎのねどこ）。其缘由还要从京町家的构造谈起。

一个标准的京町家从大门进入后首先是被称为"通り庭"的泥土地通道，随后是"店の间"（接客与家务空间）、"中户"（生活间）、"台所"（厨房）、"奥の间"，最后是后庭院，一般把厕所与浴室设置在那里。大部分的町家的门脸并不宽大，按日式计量单位为 2 间（约 3.6m）左右，深度却达到 10—12 间（约 18—22m），真有些鳗鱼的洞穴的感觉。不大在意门脸儿是否气派的京都人，却极重视町屋的内秀。

京都人为什么会形成这样的住居风格呢？一千多年前平安京建造时，最初是按照中国的"市坊制"进行正方形区划。但自从丰臣秀吉大力改造京都后，又对这些正方形区域进行了更加细致的切割，最后临马路的门脸也随着这种改造而逐渐变小。关键还有丰臣秀吉颁布了所谓"地口钱（じぐちせん）"的法令，即所有居民按照住宅门脸儿的宽度进行课税。据记载，室町时代的京町家不过一两个房间，到了秀吉主政的安土桃山时代，富裕起来的平民，房间越盖越多，又不愿多交税，便只能向后面发展，京町家处处体现出京都人的生存智慧。

据说之所以京都能有大量的町屋保存下来，还有赖于梁思成的求情而使古都免于美军轰炸。往事如烟，无从考证。可随着时代的发展，今天的京町家也在逐年减少。不同于那些现代都市里千篇一律的星级酒店，来京都旅游体验一回由京町家改造成的民宿才算是真正的情调。

京町家与民宿

与其说京都的标志是那些带有世界遗产光环的寺庙神社，不如说京町家才是最能体现出京都历史文化精髓的标志。从日本各大博物馆展出的《洛中洛外图》屏风中可以窥见古代京都町家林立的盛况。如同北京的四合院，遍布京都街巷的古老町屋给人以历史的代入感。就连那些国际上的知名品牌，诸如爱马仕、星巴克之类也纷纷选在京町家开店。

那么，什么是京町家呢？并非泛指所有京都人的居所，要弄明白这个问题，首先还要从京都城市形成的历史说起。公元 794 年，平安京开始了庞大的营造计划，占地面积相当于四分之一多的唐长安城，在城市规划格局上也以中国古代的里坊制为范本发展出了所谓的"条坊制"。于是，平安京就像是围棋盘一样，被东西南北的街巷分割成一个个的小块儿，南北走向称为"条"，东西走向则称为"坊"。一个坊又被分为四个"保"，而一个"保"又分为四个"町"。平安京中除了大内里（皇宫、政府机关），总共被分成了 1336 个町。町的形成促进了商业的发展，到了平安时代末期手工业者与商家便在町中发展出了"职住一体"的住宅，这便是京町家的雏形。至江户时代中期，伴随着社会的稳定发展，具有经济实力的商人阶层出于防灾、防火、安全等因素的考虑成立了以町为中心的自治组织，开始更加规范了町家的规格与选材并走向均质化。这也得到了幕府的大力支持，京町家从构造到机能受到了制度的制约。因此，直到今日，老京都仍能从町家建筑的瓦、门脸儿、窗以及隔栅等细节处去判断出每一户的职业与用途。

虫笼窗、一文子瓦、火袋、大黑柱、神棚、奥庭等等以及坐落在町屋入口房檐处用于挡煞的钟馗像，没住过京町家便算不上深度体验过京都的历史。可是随着岁月的斑驳，京町屋的数量也在逐年减少。京都市的调查显示，由于各种原因，每年都有近一千家的町屋被解体。照这个速度下去，五十年后作为京都重要文化景观的京町屋将不复存在。于是，京都政府也出台了保护町屋的政策与措施，更有目光敏锐的商家把目光聚焦在正在日益稀缺的町屋资源上。

不同于东京、大阪这样千篇一律的国际化大都市，京都就像是一座日本文化的大型主题乐园。众多的旅游资源、文化遗产以及服务体验使之成为当之无愧的国际性观光都市，欧美的旅游机构都给予了其最顶级的评价。从 2013 年起，日本国内外造访京都的游客每年都超过了 5000

万人次，而 2017 年到访日本的外国游客为 2800 万人，这就意味着京都是外国人来日本旅游的必经之处。对于京都来说，为 5000 万人提供住宿实在是个天大的压力，数据显示也只有 318 万外国观光客能在京都过夜。面对像京都这样适合放慢脚步，细细体验的古都来说，实在是一大遗憾。

来京都却找不到住处实在是件很尴尬的事情，于是便滋生出了民宿经济。与其他城市不同，京都民宿的选址自然是瞄准了深具历史文化积淀的京町家。町家民宿也引来了有情怀的中国人来此投资，这其中的佼佼者像我的朋友张一凡夫妇开创的"京恋"系列民宿，且因其对京町家的保护与再利用，还多次受到了日本各大媒体的报道。就连我们夫妇也抵挡不住老町屋的魅力，在 2018 年新年到来之际在京都东山区的京町家里，同日本的茶道家元和艺术家一起携手打造了京都第一家以中日茶文化为主题的民宿"茶庵·卧游"。

冈仓天心的《茶之书》里写道："茶道是一种对'残缺'的崇拜，是在我们都明白不可能完美的生命中，为了成就某种可能的完美，所进行的温柔试探。"诚然，京町家在设施上虽无法攀比豪华酒店，其意义也并不仅仅是为了提供一张床铺。她以那份淡在时光里的历史见证，给疲倦的人生之旅一份如同居家般的温柔关怀，聊以寄情。

夜宿京都，百千年一梦。当你掀起暖帘，抑或是从町家格窗望去的京都，才算是真正开启了古都之旅。

民宿 "茶庵·卧游"

后记

　　零零散散地写，终也结集成书。起初只是常对国内来的朋友聊京都的话题，后经鼓励便把自己的零散游记发在新浪微博的"李远说京都"与网众分享。渐渐地，写京都竟也成了习惯，没有计划，只是为日常的生活添一份感怀。如果非要为本书设一条主线，那也许只能是我本人硬要在京都这个异国的古都中去找寻一份故乡的文化认同罢了。因此，从这点出发，本书并算不上是一本传统的游记。

　　从未把京都当成一处观光地，这点上我倒是蛮符合京都人的意识。就好像旅客与旅人在内涵上还是有许多不同。如果是面对某一处景，仅仅做到去背它的典故那自然是不难，但讲出那一份鲜活的生动来却并非易事。我不相信不懂生活的人可以领悟乃至传达京都的美。记得周作人曾说过："如不从生活上去体验，对于日本事情便无法探知。"我所说的门，指的并非都是诗意与远方，而是散发着人间烟火的生活之门。我所讲的京都物语，其实是在讲人的故事。

去国怀乡，甘苦自知。感谢拙荆晓茜的鼓励并为本书做了大量的幕后工作；感谢母亲与孩子们带来的家庭天伦；感谢日本友人七里夫妇曾经给予的温暖呵护；感谢朋友们的眷顾；感谢台湾画家 Viga 不辞辛苦欣然为本书作画；感谢东方出版社刘丽华、闫妮两位老师的帮助以及新浪微博读者们的支持，没有你们便没有本书的问世。

最后，期待与所有读过本书的读者们在京都遇见。

2019 年仲春于京都紫野傍山居

京都攻略

● 民宿"茶庵·卧游"

地址：〒605-0843　京都市東山区門脇町 185-9

微信预约：YXQ7636

● 古美术／中国茶"茶の美術館"

地址：〒605-0082　京都市東山区中之町 245-6

微信预约：YXQ7636

● 民宿"京恋大本家"

地址：〒600-8346 京都市下京区油小路通正面下る玉本町 192-2

预约电话：0081-75-468-1515

● 北野天满宫 天神市

市集日：每月 27 日

地址：〒602-8386 京都市上京区馬喰町 931

● 东寺弘法市

市集日：每月 21 日（雨天决行）

地址：〒 601-8473 京都市南区九条町 1

● 平安乐市

市集日：每月第二个周六

地址：〒 606-8342 京都市左京区冈崎最勝寺町 63（冈崎公园内）

● 下鸭古本纳凉祭

市集日：每年 8 月 11 日—8 月 16 日

地址：〒 606-0807 京都市左京区下鸭泉川町 59（下鸭神社）

● 乘船赏樱 冈崎疏水道十石舟

时间：每年 3 月底—4 月初

地址：〒 612-8045 京都市伏見区南浜町 247

● 葵祭

时间：每年 5 月 15 日上午 10:30 京都御苑出发

地址：〒 602-0881 京都市上京区京都御苑

● 船冈温泉（京都历史最悠久的钱汤，大正时代）

营业时间：平日 15:00—翌日凌晨 1:00，周日 8:00—翌日凌晨 1:00

地址：〒 603-8225 京都市北区紫野南舟冈町 82-1

● 香道体验 松荣堂"熏习馆"

预约电话：0081-75-212-5591（提前一周）

营业时间：10:00—17:00

地址：〒 604-0857 京都市中京区乌丸通二条上ル東側

● 和果子体验 老松

预约电话：0081-75-463-3050（北野店）

0081-75-881-9033（岚山店）

地址：〒602-8395 京都市上京区社家長屋町 675-2

● 抹茶体验：三星园上林三入

地址：〒611-0021 京都府宇治市宇治蓮華 27

电话：0081-74-21-2636

● 花道体验 池坊华道会

地址：〒604-8134 京都市中京区六角通東洞院西入

电话：0081-75-221-2686

● 浮世绘书店 大书堂

营业时间：11:00 — 19:30

地址：〒604-8045 京都市中京区円福寺前町 227

● 文豪王国维喜爱的古书店 竹苞书楼

营业时间：10:00 — 19:00

地址：京都市中京区寺町通御池下ル下本能寺前町 511

● INODA 咖啡（京都最早的咖啡店）

营业时间 7:00 — 19:00

地址：〒604-8118 京都市中京区道祐町 140

● 日本威士忌酒吧 お酒の美术馆

地址：〒604-8166 京都市中京区御倉町 79

电话：0081-75-746-6909

●一文字屋和助（创业 1000 年，老铺中的老铺）

营业时间：10:00 — 17:00

地址：京都市北区紫野今宮町 69

●和牛寿喜锅 三嶋亭

地址：京都市中京区寺町三条下ル

电话：0081-75-221-0003

●好吃的面包餐厅 Robinson 乌丸

地址：〒600-8423 京都市下京区釘隠町 268

电话：0081-75-353-9707

●十割荞麦面 和久传北区店（米其林推荐店铺）

地址：京都市北区紫野雲林院町 28

电话：0081-75-494-0500